D1734481

Aktiv
und endlich Zeit
IN BERLIN

Der Aktiv-Guide für unternehmungslustige Menschen im besten Alter

COMPANIONS

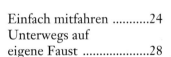

LIEBE LESERIN, LIEBER LESER!

Gehören Sie zu den unternehmungslustigen Menschen im Ruhestand, denen Kaffeefahrten zu anspruchslos und Kreuzworträtsel auf Dauer zu langweilig sind? »Aktiv und endlich Zeit« wurde speziell für aufgeweckte »Unruheständler« geschrieben, die Lust haben, etwas Neues zu entdecken und auszuprobieren. Das Buch zeigt Ihnen, welche überraschenden Freizeitangebote es in Ihrer Region für Menschen im besten Alter gibt.

Mit einer Fülle an Freizeitideen und Adressen sorgt »Aktiv und endlich Zeit« dafür, dass Langeweile gar nicht erst aufkommen kann. Gehen Sie z.B. gerne aus? Dann werden Sie sich über die große Auswahl an Lokalen – vom Biergarten bis zur Cocktailbar – freuen, in denen sich (nicht nur) ältere Menschen wohl fühlen. Wenn es Sie zuweilen aus der Stadt zieht, finden Sie Tourenvorschläge, mit deren Hilfe Sie die Region auf eigene Faust entdecken können, und Veranstalter von Nah- und Fernreisen, die Sie nahezu überallhin bringen. Kunst- und Kulturhungrige kommen dabei ebenso auf ihre Kosten wie Naturfreunde. Und alle, die nicht allein unterwegs sein möchten, bekommen Tipps, wie sie Freizeit- und Hobbypartner kennen lernen können.

Auch wenn Sie auf der Suche nach einer längerfristigen Freizeitbeschäftigung sind, werden Sie in diesem Buch fündig. Ob Sie ein neues Hobby ausprobieren, sich ehrenamtlich engagieren oder noch einmal die Schulbank drücken möchten, »Aktiv und endlich Zeit« zeigt Ihnen, wo Sie sich in Ihrer Stadt engagieren oder weiterbilden können. Und damit Sie fit und gesund bleiben, sollten Sie auch das eine oder andere der vorgestellten Sportangebote nutzen, die auf die Bedürfnisse von Senioren zugeschnitten sind.

Unter den vielen Vorschlägen zur Freizeitgestaltung ist bestimmt das passende Angebot für Sie dabei. Blättern Sie weiter und lassen Sie sich inspirieren... Und wenn Sie auf Ihren Streifzügen durch die Region etwas entdecken, was in »Aktiv und endlich Zeit« erwähnt werden sollte, freuen wir uns selbstverständlich über Post von Ihnen.

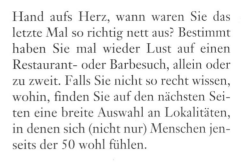

Ausgehen

Hand aufs Herz, wann waren Sie das letzte Mal so richtig nett aus? Bestimmt haben Sie mal wieder Lust auf einen Restaurant- oder Barbesuch, allein oder zu zweit. Falls Sie nicht so recht wissen, wohin, finden Sie auf den nächsten Seiten eine breite Auswahl an Lokalitäten, in denen sich (nicht nur) Menschen jenseits der 50 wohl fühlen.

Wie wäre es z.B. mit einem Essen in einem gediegenen Restaurant, um anschließend den Abend in einer gepflegten Bar bei einem exotischen Cocktail ausklingen zu lassen? Oder möchten Sie lieber vergnügt das Tanzbein schwingen? Suchen sie sich das passende Angebot aus! Alle, die lieber bei Tageslicht unterwegs sind, finden eine ebenso große Auswahl an Cafés und Restaurants, in denen Sie sich tagsüber verwöhnen lassen können: Vom gemütlichen Café, das zur kurzen Erholungspause während des Stadtbummels einlädt, bis zum Tanztee reicht das Gastronomie-Angebot für »Tagaktive«.

Natürlich wurden auch Museen, Kinos und Theater nicht vergessen. Viele Kulturstätten locken wochentags bzw. in den Nachmittagsstunden, wenn der Besucherandrang eher gering ist, mit verbilligten Eintrittspreisen oder Sonderveranstaltungen. Welche Kunst- und Kulturbetriebe solche Vergünstigungen regelmäßig anbieten, lesen Sie auf den Seiten 13 und 14. Und weil Ausgehen zu zweit oder in der Gruppe (oft) mehr Spaß macht als alleine, erfahren Sie in diesem Kapitel auch, wie Sie in Ihrer Stadt Hobby- und Freizeitpartner kennen lernen können.

CAFÉ KRANZLER

Was wäre Berlin ohne »sein« Kranzler? Das schönste Café ist es zwar nicht, trotzdem muss man einmal da gewesen sein. Der Mythos zieht immer noch einen bunten Publikums-Mix an: Berliner, Touristen, junges Volk und in die Jahre gekommene Herren. Am Kuchenbüfett bestellt man schon mal zwei Stückchen, weil man sich zwischen der Pistaziensahnetorte und dem Schokoladenkuchen ganz und gar nicht entscheiden kann. Wer draußen einen Platz ergattert, dem wehen weltstädtisches Kudamm-Flair – und Abgase – um die Nase. Das gehört dazu.

Kurfürstendamm 18, 10719 Berlin (Charlottenburg), Tel. 885 77 20. Tägl. 8-24 Uhr.

FERNSEHTURM

Stolze 365 Meter hoch ist der Fernsehturm am Alexanderplatz. Mit dem Lift erreicht man in 40 Sekunden die 203 Meter hohe Aussichtsplattform des zweithöchsten Bauwerks Europas. Das Restaurant ein Stockwerk höher dreht sich langsam um die eigene Achse, sodass man – bei Berliner Windbeuteln und Engadiner Nusstorte – durch die großen Fenster wunderbar die Stadt vorbeigleiten sieht. Wer beim Neujahrs- oder Spargelbrunch im »Telespargel« dabei sein möchte, muss sich anmelden.

Panoramastr. 1a, 10178 Berlin (Mitte), Tel. 242 33 33. März-Okt 9-1 Uhr, Nov-Feb 10-24 Uhr. Kaffee DM 3,50, Kuchen DM 4-7. Fahrstuhl DM 9.

NEU-HELGOLAND

Das soll Berlin sein? Kleine Wäldchen, eine dörfliche Siedlung, der riesige Müggelsee – im ländlichen Müggelheim können Sie Großstadtlärm und -schmutz vergessen. Direkt am Ufer der Müggelspree speisen Sie auf der Terrasse oder in einem hübschen Fachwerkhaus mit Wintergarten und haben so auch bei Eis und Schnee die vorbeigleitenden Boote im Blick. Auf der Speisekarte des Familienbetriebs finden sich von Aal bis Zander viel Fisch und Hausmannskost, aber auch Exotisches wie Elch und Strauß. Für Seniorengruppen ab 20 Personen gibt es Rabatte.

Odernheimer Straße, 12559 Berlin (Müggelheim), Tel. 659 82 47. Tägl. 11-22 Uhr, im Sommer länger.

FUNKTURM-RESTAURANT

»Langer Lulatsch« haben die Berliner den 138 Meter hohen Funkturm getauft, dessen Restaurant in 55 Meter Höhe eine prima Aussicht bietet. Da wird das Essen fast zur Nebensache. Mittags von 12 bis 15 Uhr empfiehlt der Küchenchef neben den Gerichten auf der Wochenkarte ein 3-Gänge-Menü. Abends (18-22 Uhr) kommt alles frisch vom Markt auf den Tisch. Dazwischen bleibt Zeit für Kaffee und Kuchen.

Messedamm 22, 12559 Berlin (Charlottenburg), Tel. 30 38 29 96. Tägl. 11.30-23 Uhr. Kaffee DM 3,80, Kuchen DM 4,20-4,50, Hauptgericht DM 20-40. Fahrstuhl DM 3 bis Restaurant, DM 6 bis Plattform.

Restaurant-Café »Am See«

Mitten im Britzer Garten liegt das Café »Am See«. Mit seinen großen Wiesen, vielen Schatten spendenden Bäumen, einem künstlichen See und wunderschönen Blumenanlagen ist das Gelände der Bundesgartenschau von 1985 besonders im Sommer ein prima Ausflugsziel. Und das Café Gold wert, wenn Spaziergänger plötzlich Hunger oder Kaffeedurst überfällt. Wer Kindergeschrei nur schwer ertragen kann, sollte sich lieber ein Picknick einstecken, denn Park und Café werden gern von Familien besucht.

Britzer Garten, Eingang Mohriner Allee, 12347 Berlin (Neukölln), Tel. 703 60 87. Mo-Sa 10-20, So 9.30-20 Uhr. Eintritt Britzer Garten DM 3.

Kleine Orangerie

Sie haben gerade ausgiebig das Schloss Charlottenburg und die Sammlung der Königlich Preußischen Porzellanmanufaktur im Schlösschen Belvedere bestaunt?! Wie, Ihr Magen knurrt ganz fürchterlich und Sie brauchen dringend eine Pause? In der Kleinen Orangerie treffen Sie wahrscheinlich noch andere Schlossbesucher, die nach der Kunst dem Kuchen frönen. Auf der Terrasse im Schatten alter Bäume kann man seinen Hunger entweder mit Kaffee und Kuchen oder kleinen Gerichten wie Gemüsestrudel oder Flammekuchen stillen.

Spandauer Damm 20, 14059 Berlin (Charlottenburg), Tel. 322 20 21. Winter: Di-Sa 9-22, So 10 -22 Uhr; Sommer: Mo-Sa 9-22, So 10-22 Uhr.

Operncafé

Man stelle sich ein Café vor 100 Jahren vor: mit viel Plüsch und dicken »Schinken« an den Wänden, einfach gemütlich. Das Operncafé bringt ein wenig Wiener Kaffeehaus-Atmosphäre nach Berlin. Was es von anderen Hauptstadt-Cafés unterscheidet, ist die umwerfende Auswahl an Kuchen, Torten und feiner Confiserie aus der hauseigenen Konditorei. Am liebsten würde man alles mal kosten. Gelegenheit für einen Abstecher in das »Erste-Sahne-Café« gibt's glücklicherweise zuhauf: bei jedem Spaziergang durch Berlins historische Mitte.

Unter den Linden 5, 10117 Berlin (Mitte), Tel. 20 26 83. Tägl. 9-24 Uhr.

Café Buchwald

Der große Schriftzug sagt eigentlich schon alles: »Konditorei Café Spezialität Baumkuchen G. Buchwald, Hoflieferant (gegründet 1852)«. Würde heute ein König in Berlin regieren, ließe auch er sich den köstlichen Buchwaldschen Baumkuchen liefern. Oder würde dem kleinen Café mit den zwei anheimelnden Räumen einen Besuch abstatten und sich wie zu Hause fühlen. Stattdessen genießen ältere Damen ebenso wie Studenten und junge Familien (nicht nur) das feine Gebäck – mit Schokoladenüberzug oder ohne. Übrigens: Oft ist es zur Kaffeezeit nicht einfach, noch ein freies Plätzchen zu finden.

Bartningallee 29, 10557 Berlin (Tiergarten), Tel. 391 59 31. Mo-Sa 9-18, So 10-18 Uhr.

Café Möhring

Seit mehr als 100 Jahren kann man im Café Möhring am Kudamm 213 und mittlerweile noch an anderer historischer Stelle feinen Kuchen oder kleine Tagesgerichte verspeisen: direkt am Gendarmenmarkt, Berlins schönstem Platz. Senioren sind gern gesehene Gäste, ab 20 Personen (besser anmelden) gibt es für sie ermäßigte Preise.

- *Charlottenstr. 55 (Am Gendarmenmarkt), 10117 Berlin (Mitte), Tel. 203 09-22 40.*
- *Kurfürstendamm 213, 10719 Berlin (Charlottenburg), Tel. 881 20 75.*
- *Beide Filialen: tägl. 8-24 Uhr. Tasse Kaffee DM 3,90, Torte DM 5,40. Gruppenerm.: Tasse Kaffee u. Torte DM 8,50.*

Haus Zenner

Schon im vorigen Jahrhundert war das Haus Zenner bei Jung und Alt ein beliebtes Ausflugsziel. Heute ist es nicht anders: Wer in der Gluthitze des Berliner Sommers an der Spree entlangspaziert oder per Fahrrad unterwegs ist, kommt an einer erfrischenden »Berliner Weiße« – und damit auch am Biergarten – nun mal nicht vorbei. Wenn Sie nicht auf einfachen Gartenstühlen sitzen und Speis und Trank selbst holen möchten, lassen Sie sich auf der Terrasse bedienen und zahlen dafür etwas mehr. Das Besondere am Haus Zenner? »Na, die schöne Jejend.«

Alt-Treptow 14-17, 12435 Berlin (Treptow), Tel. 533 72 11. Tägl. ab 9 Uhr.

Tegeler See-Terrassen

Jeden Mittwoch und Sonntag von 14 bis 18 Uhr geht's im Restaurant direkt am Tegeler See hoch her. Da schwingen unter dem Motto »Frohsinn im Dreivierteltakt« 150 bis 250 ältere Menschen das Tanzbein. Zur Livemusik – »Tanze mit mir in den Morgen« oder »Ein Bett im Kornfeld« vom Alleinunterhalter – zeigen die Paare schwungvoll, dass sie längst nicht zum alten Eisen gehören: Locker werden da Rumba, Samba, Cha-Cha-Cha und natürlich auch Walzer aufs Parkett gelegt.

Wilkestr. 1, 13507 Berlin (Reinickendorf), Tel. 433 80 01. Tägl. 9-22 Uhr. »Frohsinn im Dreivierteltakt«: Eintritt DM 10 inkl. Kaffeegedeck.

Prater

Der stadtbekannte Biergarten, in dem sich Mitte der 30er-Jahre schon Hans Albers und Rudolf Platte vergnügten, ist eigentlich Terrain der Jugend. Nicht so samstags zwischen 14.30 und 18 Uhr: Da werden das kleine Schwarze und die Krawatte rausgekramt, denn der Prater lädt zum Tanztee. Die Musik kommt nicht vom Band, sondern regelmäßig von der »Jeff-Combo« – bestehend aus Schlagzeuger und Keyboarder. Die beiden haben alle Ohrwürmer im Repertoire: Walzer, Tango und deutsche Schlager von anno dazumal.

Kastanienallee 7-9, 10435 Berlin (Prenzlauer Berg), Tel. 448 56 88. Tanztee Sa 14.30-18 Uhr. Eintritt frei, Tanztee-Gedeck (»Pott« Kaffee u. Kuchen) DM 5.

SENIORENCAFÉ

Noch ohne Namen war das Seniorencafé, als es im Juni '99 seine Pforten in Kreuzberg öffnete. Seitdem kommen hier Menschen ab Mitte 50 zusammen, trinken Kaffee, verspeisen Kuchen und schließen nette Bekanntschaften. Ein besonderer Leckerbissen ist das Kulturangebot: Am Donnerstag werden – zum Nulltarif – alle 14 Tage Lesungen oder Musikalisches präsentiert.

Oranienstr. 69, 10969 Berlin (Kreuzberg), Tel. 25 88 23 61. Mo-Fr 10-17.30 Uhr. Tasse Kaffee u. Kuchen DM 2,70.

CAFÉ KEESE

Am Montagnachmittag gehört das Café Keese den »Oldies«. Dort lädt nämlich der Bund Deutscher Senioren von 15 bis 19 Uhr zum Tanztee bei deutschen Melodien. Für diese sorgt immer eine gute Kapelle, die sich mit dem CD-Player abwechselt. Überhaupt ist man hier fortschrittlich, Damenwahl ist ebenso gang und gäbe wie die traditionelle Herrenwahl, eine Kleiderordnung ist nicht vorgeschrieben. Trotzdem werfen sich die meisten der 200 bis 300 Gäste in Schale – schließlich trifft man hier ja alte Bekannte. Und man weiß noch – Knigge sei's gedankt – was sich gehört: Da macht der Herr einen kleinen Diener, wenn er die Dame zum Tanz bittet, schiebt ihr den Stuhl zur Seite, wenn sie sich erhebt. Auch die Musik ist nicht zu, sondern gerade nur so laut, dass für ein Schwätzchen am Tisch immer Gelegenheit ist. Und wenn Sie nicht über drei Tische hinwegbrüllen oder sich unhöflich aufdrängen möchten: Benutzen Sie einfach das Tischtelefon, um Kontakt zur Dame oder zum Herrn Ihres Herzens aufzunehmen.

- *Bismarckstr. 108, 10625 Berlin (Charlottenburg), Tel. 312 91 11. Tanztee Mo 15-19 Uhr. Eintritt frei, Kännchen Kaffee, Glas Wein oder Bier DM 8.*
- *Auskunft auch beim Bund der Senioren, Tel. 261 30 61. Di u. Do 10-13 Uhr.*

CAFÉ OLÉ

Locker und unkonventionell geht es im Café Olé zu. Kein Wunder, denn es liegt mitten auf dem Gelände der Ufa-Fabrik. Wer kennt sie nicht? Rund 150 Leute leben – mit Windrad, Regenwasserspeichern und Haustieren – in einer kleinen Dorfgemeinschaft auf dem ehemaligen Gelände der Ufa-Filmgesellschaft. Ein Besuch ist vor allem im Sommer zu empfehlen. Da kann man an Veranstaltungstagen, z.B. beim Auftritt der Stars aus dem Kinderzirkus oder beim regelmäßigen Familientrödelmarkt bei einem Stück Bio-Kuchen aus der Ufa-Vollkornbäckerei von der Café-Terrasse aus den bunten Trubel genießen. Wer Anschluss an Gleichaltrige oder neue Freizeitideen sucht, erkundigt sich nebenan im Ufa-Nachbarschafts- und Selbsthilfezentrum (NUSZ) nach den Seniorenangeboten.

Viktoriastr. 13-18, 12105 Berlin (Tempelhof), Tel. 755 03-120. Tägl. 10-1 Uhr. Tasse Kaffee DM 2, Kuchen DM 2,50-4.

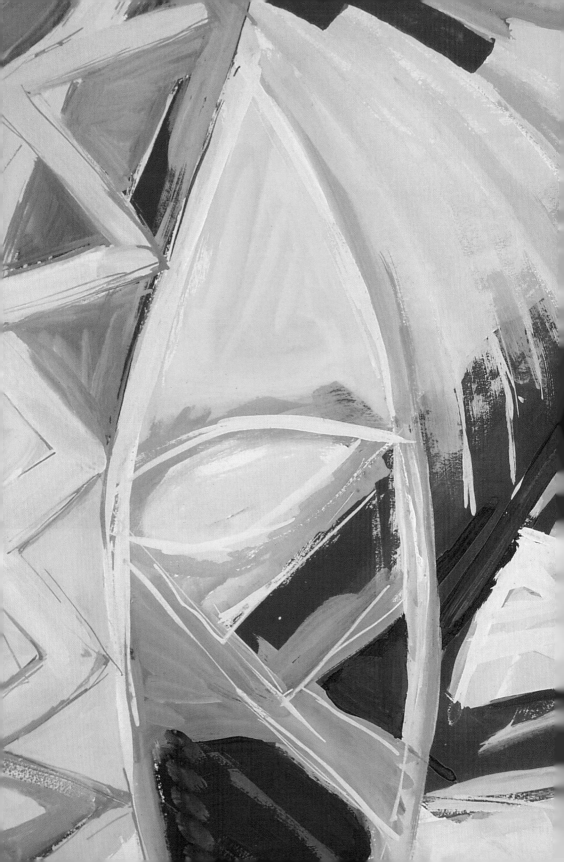

Haus der Kulturen der Welt

Eine Reise um die Welt gefällig? Auch wer nicht (mehr) in ferne Länder reist, kann in andere Kulturen eintauchen. In der »Schwangeren Auster« führen Ausstellungen, Konzerte, Tanztheater und Filmvorführungen in die Fremde. Ob Vietnam, Afrika oder Japan – mehrere Wochen lang bestimmt ein Motto die Kulturveranstaltungen. Interessant für Leute, die abends ungern ausgehen: Symposien finden meistens tagsüber statt. Das Programm erhalten Sie vor Ort und in Berliner Bibliotheken.

John-Foster-Dulles-Allee 10, 10557 Berlin (Tiergarten), Tel. 397 87-0. Eintritt: Konzerte DM 10-20, Lesungen meist kostenlos.

Gemäldegalerie des Kulturforums

Am Dienstag gehört die Gemäldegalerie für einige Stunden ganz den Senioren. Weil es zu dieser Zeit schön ruhig ist, heißt es ab 11 Uhr »Muße im Museum«. Unter diesem Motto wird zu unterschiedlichsten Themen durch die Bilderwelt geführt. Da geht es etwa um »Mythologische Szenen aus der antiken Literatur« oder um »Lehrer und ihre Schüler«. Übrigens: In allen Einrichtungen des Kulturforums kann man zu jeder Führung Klapphocker ausleihen.

Matthäikirchplatz, 10785 Berlin (Tiergarten), Tel. 20 90 55 55, Anmeld. v. Führungen Tel. 83 01-465/-466. Eintritt: DM 8 inkl. 1 Std. Führung.

Kindheit & Jugend

Da werden Sie –schwuppdiwupp – in Ihre Kindheit zurückversetzt. Über 2.000 alte Spielsachen, von Dreiradschnelllaufschuhen bis zur Puppenstube sind hier ausgestellt. Außerdem können Sie einen Blick auf »Berliner Schulkinder vor 100 Jahren« werfen oder im »Scriptorium« zum Federkiel greifen. Ergänzend zeigt das wenige Meter entfernte »Ephraim-Palais« unter dem Motto »Aus gutem Hause – Kinderwelt um 1900« Spielzeug und Bildungswesen der »höheren Töchter«.

- *Museum Kindheit & Jugend, Wallstr. 32, 10179 Berlin (Mitte), Tel. 275 03 83. Di-Fr 9-17 Uhr. Eintritt: DM 3, erm. DM 1,50, Mi frei.*
- *Museum Ephraim-Palais, Poststr. 16, 10178 Berlin (Mitte), Tel. 240 02-136, Eintritt: DM 5, erm. DM 2,50, Mi frei.*

Eva-Lichtspiele

An jedem ersten Mittwoch im Monat gehört das »Eva« der älteren Generation. Paul Hörbiger, Ilse Werner und andere Stars der 30er-Jahre rufen Erinnerungen an die Jugend wach. Dann ist nämlich Seniorentag und gezeigt werden Streifen wie »Das Lied der Liebe«, »Rauschende Ballnacht« oder »Ball im Metropol«. Doch nicht nur Wilmersdorfer Witwen treffen sich im Kino mit dem Charme der 50er.

Blissestr. 18, 10713 Berlin (Wilmersdorf), Tel. 822 85 27. Eintritt: DM 12, erm. DM 10, Seniorentag (jeden 1. Mi/Mon.) DM 7,50, Kinotag Mo u. Di DM 8,50.

Hansa-Theater

Hier wird so richtig berlinert! Das Hansa-Theater will nämlich die Berliner Schnauze salonfähig machen. Auch die Themen der Stücke sind – wen wundert's – »stadtgemacht«: Da geht es um historische Gestalten oder aktuelle Probleme der Hauptstadt. Für Sonntagnachmittagsvorstellungen und Voraufführungen gibt es verbilligte Karten, die allerdings nur über die bezirklichen Seniorenbetreuungen (s. S. 76) und andere gemeinnützige Organisationen bezogen werden können. Das Theater verfügt über acht Rollstuhlplätze und eine Infrarot-Kopfhöreranlage für Schwerhörige.

Alt-Moabit 48, 10555 Berlin (Tiergarten), Tel. 391 44 60. Kasse: Mo-Sa 11-18 Uhr. Verbilligte Karten für Sonntagnachmittagvorstellungen in der Gruppe DM 20, reguläre Gruppenerm. (10-12 Pers.) 15-25%.

Berliner Symphoniker

Klassische Konzerte am Sonntagnachmittag bieten die Berliner Symphoniker im Abo preisgünstiger an. Im Sechserpack gibt es die Konzerte sonntags um 16 Uhr in der Philharmonie im Kulturforum am Matthäikirchplatz preiswerter. Auch ein Abonnement für sechs Konzerte der Berliner Symphoniker im großen Saal des Konzerthauses Berlin sorgt für verbilligten Klassikgenuss.

Christstr. 30, 14059 Berlin (Charlottenburg), Tel. 325 55 62. Mo-Fr 10-14 Uhr. 6er-Abo ab DM 94.

City Kino Wedding

»Comedian Harmonists«, »Titanic« oder »Ein seltsames Paar« – Filme, die nicht mehr im Kino und noch nicht im Fernsehen laufen, zeigt das City-Kino Wedding in einer gesonderten Reihe. Beim »Drei-Uhr-Film am Dienstag« nehmen vor allem ältere Leute auf den Kinosesseln Platz. Jeden dritten Dienstag im Monat kann man sich für wenig Geld Komisches, Beschwingtes oder »Was fürs Herz« ansehen. Nach dem Kinobesuch können Sie gegenüber im Bistro des »Centre Francais« für DM 5 Kaffee trinken und Kuchen essen. Den Gutschein für den verbilligten Kaffeeklatsch bekommen Sie mit der Kinokarte.

Müllerstr. 74, 13349 Berlin (Wedding), Tel. 45 19 96 64. »Drei-Uhr-Film«: DM 6 inkl. Gutschein für 2 Kaffee u. 1 Kuchen.

PRO SENIORES E.V.

Eigentlich wurde »pro seniores« gegründet, um die Seniorenuniversität der Charité (s. S. 60) zu organisieren. Als hätten die Mitglieder damit nicht schon genug zu tun, haben sie sich noch etwas Wunderbares ausgedacht: Sie verkaufen nach den Vorlesungen an die Senioren-Uni-Teilnehmer verbilligte Karten für Veranstaltungen im Konzerthaus Berlin, in der Philharmonie und im Deutschen Theater. Vereinsmitglieder bekommen die Karten noch billiger.

c/o Dr. Bernhard Peisker, Landsberger Allee 475, 12697 Berlin (Marzahn), Tel. 933 11 94. Vereinsbeitrag DM 24 pro Jahr.

168
167

Stern- und Kreisschiffahrt

Berlin bei Nacht – in ganz neuem Licht steht die Metropole plötzlich da, wenn man sie im Dunkeln vom Schiff aus betrachtet. Bei der City-Nights-Tour gondeln Nachtschwärmer ab 19.30 Uhr zweieinhalb Stunden lang vom Nikolaiviertel zur Charlottenburger Schlossbrücke und wieder zurück. Und auch schwofen lässt's sich mit der Stern- und Kreisschiffahrt: Da unterhalten zum Beispiel das Tanzorchester Ronny Heinrich und Stargast Henry de Winter mit Musik aus den 30er- und 40er-Jahren auf der »MS Havel Queen«, der »MS Havelstern« oder der »MS Moby Dick«. Um 19.30 Uhr findet sich das bunt gemischte Publikum zu diesen »Sternstunden« in Tegel, Wannsee oder dem Treptower Hafen ein, um »in die Spree zu stechen«. Wann welche Mondscheinfahrt wo beginnt und ob sie sich anmelden müssen, erfahren Tanzwütige beim Info-Telefon der Stern- und Kreisschiffahrt.

Puschkinallee 16/17, 12435 Berlin (Treptow), Tel. 53 63 60-0. »City-Nights« DM 21,50, »Sternstunden« DM 25-50 (je nach Programm).

Bamberger Reiter

Wenn Sie einmal ganz fein essen gehen möchten, empfiehlt sich ein Besuch im Bamberger Reiter, einem der fünf besten Berliner Restaurants. Das Ambiente einer Alt-Tiroler Bauernstube wirkt – im Gegensatz zu manch modernem, schicken Gourmet-Tempel – beruhigend gemütlich. Auf dem Speiseplan der gehobenen Küche finden Sie z.B. ausgefallene Spezialitäten wie Milchzicklein mit Spitzkohl und Morcheln oder Bresse-Taube mit Perigord-Trüffeln. Guten Appetit!

Regensburger Str. 7, 10713 Berlin (Schöneberg), Tel. 218 42 82. Di-Sa 18-1 Uhr. 5-Gänge-Menü DM 145.

Candle-Light-Dinner der besonderen Art

Das ist ein Erlebnis ganz besonderer Art: Da sitzen die Gäste, lassen sich ein köstliches Mahl schmecken, und hinter ihrem Rücken schwimmen bunte Doktorfische, kleine Haie und anderes Meergetier herum. Einmal im Monat serviert das Steigenberger ein Vier-Gänge-Spezialitäten-Menü mit musikalischer Begleitung im Zoo-Aquarium. Oder haben Sie schon einmal in Anwesenheit eines zwölf Meter hohen Brachiosaurus brancai gespeist? Beim »Dinner unter den Dinos« im Naturkundemuseum ist das möglich, allerdings nehmen Sie »nur« neben dem Skelett Platz, und rauchen dürfen Sie mit Rücksicht auf ihre uralten Nachbarn auch nicht. Dafür können Sie sich zum Aperitif durch das Museum führen lassen.

Reservierungen (rechtzeitig!!!) über Hotel Steigenberger, Los Angeles Platz 1, 10789 Berlin (Charlottenburg), Tel. 212 77 06, Fax 212 77 97. Zoo-Dinner DM 125 p.P. zuzügl. Getränke; Dino-Dinner DM 155 p.P. inkl. Führung u. Getränke.

CLÄRCHENS BALLHAUS

Wollen Sie sich einen Mann angeln? Dann sind Sie in Clärchens Ballhaus genau richtig. Denn dort ist mittwochs Damentag. Da fordern traditionell »verkehrt« die weiblichen Wesen die Herren zum Tanz auf. Die Paare, die zum großen Teil die 50 überschritten haben, wiegen sich zu Tango- oder Walzerrhythmen sowie zu deutschen und englischen Schlagern. Und wenn Sie gern zu Ihrem Lieblingslied übers Parkett schweben möchten, dann nichts wie hin zum Discjockey. Der ist bemüht, jeden Musikwunsch zu erfüllen. Freitags und samstags ist das Publikum gemischter: 18- bis 80-Jährige, unter ihnen Arbeiter, Akademiker und Arbeitslose, Singles und Paare, Stammgäste und immer wieder neue Besucher, schwofen dann gemeinsam. Das Ballhaus hat übrigens Tradition: Schon 1898 traf man sich hier zum ausgelassenen Tänzchen. 1913 wurde es von Clärchen neu eröffnet und trägt seitdem ihren Namen, auch wenn mittlerweile ihr Enkel die Regie übernommen hat. Von seinem Flair hat das Haus auch nach einer notwendigen Renovierung nichts verloren: Die Einrichtung – mit holzverkleideten Wänden, Kaffeehausstühlen und natürlich den Zille-Bildern an den Wänden – blieb und sorgt weiterhin für Gemütlichkeit. Für hungrige Tänzer gibt's Buletten, Bock- und Currywurst, damit die Party bis in die frühen Morgenstunden weitergehen kann.

Auguststr. 24, 10117 Berlin (Mitte), Tel. 282 92 95. Mi, Fr, Sa ab 19.30 Uhr. Eintritt DM 7,40.

MEISTERSAAL

Einen Abend ganz wie in den goldenen Zwanzigerjahren zu verbringen, das ist hier möglich. Die Tradition des Veranstaltungssaals aus dem Jahr 1913 wurde mit der Neueröffnung 1994 wiederbelebt: In historischem Ambiente werden Besuchern (jeglichen Alters!) Kammermusik, Klavierabende, Vorträge oder Balladenabende präsentiert. Ein Highlight ist etwa die »Tafelmusik«, bei der zu 5- oder 7-Gänge-Menüs heitere klassische Musik gespielt wird, die häufig der Jahreszeit entspricht. So wird im Herbst das traditionelle Wild-Menü von einem Horn-Quintett untermalt.

Meistersaal am Potsdamer Platz, Köthener Str. 38, 10963 Berlin (Kreuzberg), Tel. 264 95 30. Tafelmusik: 5- bzw. 7-Gänge-Menü ca. DM 95-125 inkl. Kulturprogramm. Bitte rechtzeitig anmelden!

ALTDEUTSCHES BALLHAUS

Jetzt geht die Party richtig los! Auch in diesem Haus schwoft jedes Wochenende Alt und Jung zu Musik vom Band. Am Freitag kommen bei Walzer und Tango eher die reiferen Jahrgänge auf ihre Kosten. Am Samstag lockt schnellere Musik die jüngere Generation auf die Tanzfläche. Ausnahmen bestätigen die Regel!

Ackerstr. 144, 10115 Berlin (Mitte), Tel. 282 68 19. Fr u. Sa ab 19.30 Uhr bis 3 bzw. 4 Uhr. Eintritt DM 3,10, Volkstanz DM 5.

WIRTSHAUS MOORLAKE

Wenn draußen Herbststürme heulen oder der Frost klirrt, wird's im Wirtshaus Moorlake besonders kuschelig. Denn dann bekommen ab 19 Uhr die (angemeldeten) Gäste zunächst einen Aperitif serviert, dem ein 3-Gänge-Menü folgt. Und während sie auf den nächsten Gang warten, lauschen sie: Da lesen nämlich original Berliner Schnauzen wie Günther Pfitzmann, Otto Sander oder Conny Froboess aus Werken bekannter Schriftsteller. Passend zur Jahreszeit wird nur Heiteres serviert: Tucholsky z.B. oder Fontane. Einziger Wermutstropfen: Wenn die Lesung gegen 22.15 Uhr zu Ende ist, bringt Sie nur noch ein Taxi nach Hause oder zum S-Bahnhof Wannsee, der letzte Bus A16 ist längst weg. Die literarischen Abende finden von Oktober bis März freitags, samstags und sonntags statt.
Spätestens zu Ostern ist allerdings Schluss damit, dann beginnt die Sommersaison. Auch am Tage lohnt ein Besuch im Wirtshaus, das mit großer Terrasse und in einer traumhaften Bucht gelegen einen schönen Blick auf die Havel freigibt. Und wo könnten Ruhe suchende Städter besser spazieren gehen als auf der Pfaueninsel gleich nebenan? Damit können Sie sich etwas mehr Zeit lassen, denn der letzte Bus fährt im Sommer gegen 20 Uhr.

Moorlakeweg 1, 14109 Berlin (Zehlendorf), Tel. 805 58 09. Anmeldung für Lesung bei Concertino Tel. 0331-270 98 88. Lesung, Aperitif u. Menü (ohne Getränke) ca. DM 90. Im Sommer tägl. 10.30-22 Uhr. Kännchen Kaffee DM 6,50 Kuchen DM 4-5.

BAR JEDER VERNUNFT

Wer mal wieder einen ganz besonderen Abend erleben möchte, ist hier an der richtigen Adresse: Chansonabende und Kabarett-Vorstellungen rufen regelmäßig helle Begeisterung beim Publikum hervor. Meret Becker, Tim Fischer, Georgette Dee, Gayle Tufts und natürlich die Geschwister Pfister sind in der Bar jeder Vernunft fast schon zu Hause. Mit ihnen amüsiert sich hier ganz Berlin, vom Schüler bis hin zur 80-jährigen Dame. Neben den Vorführungen werden an kleinen Bistrotischen (nicht ganz billige) Drinks und Speisen serviert. Und allein die Bar ist ein Erlebnis: ein Spiegelzelt mit Säulen, plüschigen Samtlogen und riesigen Wandspiegeln.

Schaperstr. 24, 10719 Berlin, (Charlottenburg), Kasse: Tel. 883 15 82. Di-So Einlass 19 Uhr (freie Platzwahl), Vorstellungsbeginn 20.30 Uhr. Eintritt DM 30-55, Bier DM 6, Hauptgericht ca. DM 20.

OPERNSCHÄNKE

Livemusik – vom internationalen Schlager bis zum Jazz – können Sie gratis genießen, wenn Sie an einem Freitag- oder Samstagabend in der OpernSchänke gemütlich einen Cocktail schlürfen. Die Gäste hier sind nicht mehr ganz jung, schätzungsweise 40 Jahre und älter. Übrigens: Vor der Bühne ist genug Platz zum Tanzen...

Unter den Linden 5, 10117 Berlin (Mitte), Tel. 20 26 83. Livemusik Fr u. Sa 20-1 Uhr. Cocktail o. Sekt ca. DM 15.

Berliner Interessenbörse

Haben Sie es satt, allein durch Berliner Museen zu tigern? Würden Sie gern mal wieder mit einem netten Gleichgesinnten ein Konzert besuchen? Dann könnte die Berliner Interessenbörse weiterhelfen. Diese einzigartige Einrichtung funktioniert folgendermaßen: Ihr Anliegen wird in Form einer Anzeige in einem vierteljährlich erscheinenden Katalog veröffentlicht, wobei – wie bei einer Chiffre-Anzeige – weder Ihr Name noch Ihre Adresse auftauchen. Leser, die Ihre Anzeige anspricht, melden sich im Büro der Interessenbörse und bekommen – falls Sie dies möchten – Ihre Telefonnummer, um Kontakt zu Ihnen aufzunehmen. Wer seine persönlichen Daten nicht weitergeben lassen möchte, bekommt die Adresse des »Partners«. In den Räumen der Interessenbörse können Sie sich dann zum ersten Mal treffen. Eine tolle Sache, denn Angebote und Nachfragen sind mit rund 150 Anzeigen im Katalog weit gestreut. Da sucht z.B. nicht nur eine Rentnerin kultivierte Bekanntschaften für Spaziergänge und kulturelle Unternehmungen oder eine 70-Jährige eine Reisepartnerin, sondern zwei verantwortungsvolle Schülerinnen bieten ihre Hilfe bei Einkäufen an. Oder ein Begegnungshaus offeriert preiswerte Englischkurse für Anfänger und Fortgeschrittene. Die ehrenamtliche Börse arbeitet kostenlos und vermittelt selbstverständlich nur nichtkommerzielle Gesuche oder Angebote.

Eberswalder Str. 1, 10437 Berlin (Prenzlauer Berg), Tel. u. Fax 44 05 53 53.

Tauschringe

»Suche ältere Dame mit Auto, die mit mir Ausflüge in die Umgebung macht, backe dafür zwei Kuchen.« Bei Tauschbörsen »bezahlen« Sie mit einer Gegenleistung. Das ist praktisch, wenn man wenig Geld, aber (außergewöhnliche) Fähigkeiten hat, etwa nähen oder leckere Kuchen backen kann. Und Sie haben zudem Gelegenheit, Gleichgesinnte kennen zu lernen. Wie wäre es denn z.B. mit: »Suche jemanden, der mit mir ins Museum geht, koche dafür ein Mittagessen«? Überlegen Sie doch mal, was Sie anbieten könnten...

Tauschbörsen gibt es oft in Nachbarschaftszentren (s. S. 57). Auch im Bezirksamt weiß man, wo in Ihrer Nähe getauscht wird.

1,2,3, ... Sorgenfrei! - Partnervermittlung & Freizeitkontakte

Wer bereit ist, auch Bares für die Vermittlung eines Gefährten bzw. einer Gefährtin für Museums-, Kino- oder Restaurantbesuch hinzulegen, kann sich an Jutta Bartky-Serif wenden. Die sucht anhand eines ausführlichen Vorgesprächs ein geeignetes Gegenüber und vermittelt ein Treffen, wenn beiden Seiten der/die Ausgewählte zusagt.

Jutta Bartky-Serif, Grünberger Str. 22, 10243 Berlin (Friedrichshain), Tel. 29 66 01 33 u. 0177-589 80 84. Bei Angabe v. drei Kriterien (erweiterbar), die Ihr Freizeitpartner erfüllen soll (z.B. Kinofan, Nichtraucher, männlich) zahlen Sie DM 150.

Tagesausflüge oder Kurzreisen sind genau das Richtige, wenn Sie plötzlich das Bedürfnis nach Abwechslung vom Alltag haben. Bevor Ihnen »die Decke auf den Kopf fällt«, sollten Sie sich von den Tipps und Angeboten auf den folgenden Seiten anregen lassen.

Wie wäre es z.B. mit einer kleinen Spritztour in die nähere oder weitere Umgebung, bei der Sie sich um (fast) nichts kümmern müssen? Unter der Überschrift »Einfach mitfahren« finden Sie Veranstalter, die ein breites Spektrum an Ausflügen und Kurzreisen im Programm haben. Egal, ob Sie es eher bequem lieben und eine Fahrt mit ausgearbeitetem Tagesprogramm im komfortablen Reisebus bevorzugen, ob Sie lieber auf Schusters Rappen unterwegs sind und mit Gleichgesinnten zu einer Wanderung aufbrechen oder ob Sie sich für ein paar Stunden einem Stadtrundgang anschließen möchten – für alle Ausflugswünsche gibt es den passenden Veranstalter. Auch an Unternehmungslustige, die nicht mehr so gut zu Fuß sind, ist gedacht: Einige Veranstalter holen ihre Kunden direkt zu Hause ab und fahren Sie wieder bis vor die Tür.

Sind Sie lieber auf eigene Faust unterwegs? Dann heißt es, Fahrrad aus dem Keller holen bzw. Wanderschuhe anziehen, um auf den vorgeschlagenen Routen die Region zu erkunden. Neben der ausführlichen Streckenbeschreibung und der Anfahrt zum Ausgangspunkt (nach Möglichkeit mit öffentlichen Verkehrsmitteln) sind bei jeder Tour auch Einkehrmöglichkeiten und Besichtigungstipps angegeben.

MIT VOLLDAMPF I

Touristica bringt Sie z.B. nach Bad Doberan. Sobald Sie das dortige Münster besichtigt haben, geht es weiter ins Ostseebad Kühlungsborn, wo in einem Erste-Klasse-Restaurant das Mittagessen serviert wird. Dann ist Zeit für eigene Erkundungen, bis die Dampfeisenbahn, Insidern unter dem Namen »Molli« ein Begriff, Sie wieder zurück nach Bad Doberan bringt. Selbstverständlich werden auch noch andere Tagesfahrten angeboten, Kataloge gibt es in fast allen Reisebüros.

Touristica Ferien- und Freizeit GmbH, Mannheimer Str. 33/34, 10713 Berlin (Wilmersdorf), Tel. 873 02 21. Tagesfahrt Bad Doberan: Mi DM 89, Sa DM 96 inkl. Fahrt, Verpflegung.

MIT VOLLDAMPF II

Eine echte Antiquität schippert auf der Havel. Das 1914 gebaute Dampfschiff »Sachsenwald« wurde 1991 generalüberholt und kutschiert jetzt als einer der letzten kohlebetriebenen Dampfer Passagiere an Potsdams Schlosskulisse vorüber. Die zweistündige Fahrt beginnt am Anleger »An der Langen Brücke« und führt am Schloss Babelsberg, dem Volkspark Glienicke, der Pfaueninsel und am Schloss Cecilienhof vorbei. Vor jeder Fahrt sollten Sie anrufen, denn häufig fallen die regulären Touren wegen Charterfahrten aus!

Havel Dampfschiffahrt GmbH, An der Langen Brücke, 14473 Potsdam, Tel. 0331-270 62 29 u. 0171-544 61 40, Fax 0331-270 62 29. Fahrpreis DM 18.

PORZELLAN-FAHRT

Bei einer Tagesfahrt nach Meißen müssen Sie sich um nichts kümmern: Busfahrt, Mittagessen und Besichtigungen werden nicht nur für Sie organisiert, sondern sind bereits im Preis enthalten. Besuchen Sie also ganz entspannt die Werkstatt und das Museum der weltberühmten Porzellanmanufaktur und die interessante Altstadt Meißens mit ihrem frühgotischen Dom, dem mittelalterlichen Augustiner Chorherrenstift St. Afra und der Albrechtsburg. Der Berliner Veranstalter bietet auch Senioren- und Gruppenreisen, Tages- und Wochenendfahrten an. Mehrtagestouren finden unter der Woche statt, z.B. sonntags bis freitags, dann ist es nicht nur auf den Autobahnen leerer.

Reisen Thover, Gradestr. 10 (BVG Betriebshof), 12347 Berlin (Britz), Tel. 25 63 34 85. Tagesfahrt Meißen DM 69.

AUF TUCHOLSKYS SPUREN

Wie wäre es mit einem Ausflug à la Tucholsky – nach Rheinsberg? Solch eine Tagesfahrt mit Besuch in Schloss und Mühlenmuseum bietet unter dem Motto »Rheinsberger Schlossherren und die Müllerin« fontane tour an. Neben der Fahrt sind im Preis ein Mittagessen, Kaffeegedeck und die Führungen enthalten. Im Programm des Veranstalters stehen noch viele weitere Tagesfahrten.

fontane tour, Gehringstr. 15-17, 13088 Berlin (Weißensee), Tel. 962 28 80. Tagesfahrt Rheinsberg DM 69.

MIT DEN BEZIRKS-ÄMTERN AUF TOUR

Mit dem Bezirksamt Zehlendorf fahren Sie z.B. nach Potsdam, wo Sie Heimatlieder singen, die Filmstudios in Babelsberg besichtigen und anschließend zu Mittag essen, oder Sie machen einen Tagesausflug in den Spreewald. Von Kreuzberg aus geht es nach Schwerin und Umgebung, nach Groß Schönebeck in den Wildpark Schorfheide oder zum Spargelessen an den Seddiner See. Erkundigen Sie sich nach dem aktuellen Angebot Ihres Bezirksamtes bei der Seniorenvertretung. Dort gibt's gleich Tipps über mögliche Zuschüsse.

Filmstudiofahrt inkl. Bustransfer, Führung u. Mittagessen DM 45. Kreuzberg-Tagesfahrten DM 65.

SCHIFFSTOUREN

Was gibt es Schöneres, als bei Sonnenschein auf dem Oberdeck eines Dampfers zu sitzen und die Umgebung gemächlich an sich vorbeiziehen zu lassen? Die Flotte der Stern- und Kreisschifffahrt tuckert von April bis September auf Berlins Wasserstraßen. Von ihren Ankerplätzen im Treptower Park, am Wannsee und an der Tegeler Greenwich Promenade werden rund 20 verschiedene Touren angeboten: von der kleinen City-Tour über 2- bis 5-stündige »See-Fahrten« bis hin zu Tagestouren.

Stern- und Kreisschiffahrt, Puschkinallee 16/17, 12435 Berlin (Treptow), Tel. 53 63 60-0. Fahrt DM 13,50-31.

BERLINER WASSERTAXI

Stellen Sie sich vor: Sie machen einen Spaziergang durch die neue alte Mitte Berlins, und dann streiken Ihre Beine. Wie wäre es denn mit einer einstündigen Bootstour? Mit einem der drei original Amsterdamer Grachtenboote des Berliner Wassertaxis, die ständig am Anleger am Deutschen Historischen Museum auf Fahrgäste warten, kann man wunderbar die Stadt erkunden: An der Museumsinsel vorbei geht die Fahrt bis zum Reichstag und zu den Baustellen des neuen Regierungsviertels. Hinter dem historischen Nikolaiviertel macht das Wassertaxi an der Mühlendammschleuse kehrt und schippert zurück zur Anlegestelle.

Wendenschloßstr. 30d, 12559 Berlin (Mitte), Tel. 65 88 02 03, Fax 65 88 02 04. Fahrpreis DM 12, ermäßigt DM 9.

STREIFZUG DURCH DIE STADT

Mal ehrlich, wie gut kennen Sie eigentlich »Ihre« Stadt? Einen Einblick in das Leben der verschiedenen Berliner Kieze geben die Führungen von StattReisen. Die Spaziergänge des Vereins führen etwa unter dem Motto »Von Zuwanderern zu Einheimischen« in die »Weltstadt Kreuzberg«, in das jüdische Berlin oder entlang des ehemaligen Mauerstreifens. Literarische Abendspaziergänger wandeln auf Fontanes Spuren durch die Metropole oder es geht mit Franz Biberkopf durch den wilden Osten. Detaillierte Beschreibungen der mehr als 20 Rundgänge liefert das aktuelle Programmheft, erhältlich bei StattReisen. Ein besonderer Service erwartet Sie, wenn Sie eine Gruppenführung buchen. Dann stellen sich die Führer ganz individuell auf ihre Mitspazierenden ein. Sprich: Touren werden gegebenenfalls verkürzt oder eine Kaffeepause (in einem von den Teilnehmern ausgesuchten Café) wird eingeplant. Preise werden bei solchen Sonderführungen für höchstens 25 Personen extra verhandelt.

StattReisen, Malplaquetstr. 5, 13347 Berlin (Wedding), Tel. 455 30 28, Fax 45 80 00 03. 2- bis 3-stündige Touren (ab 4 Teilnehmern) DM 15, ermäßigt DM 12.

SCHIFFSTÖRN MIT GESCHICHTE

Der Name sagt es schon: Geschichte wird groß geschrieben bei den Fahrten der Geschichtswerkstatt. Jeden zweiten Sonntag im Monat tuckert das Schiff zweimal rund 3,5 Stunden mit unterschiedlichen Themenschwerpunkten über die Wasserstraßen der Stadt. Da geht es z.B. um das »rebellische« Berlin, oder das Motto der Tour heißt »Jüdische Geschichte und Geschichten«. Sehr spannend ist auch die Tour »Altbau, Neubau, Umbau« durch das künftige Regierungsviertel. Ausgangspunkt für die geschichtsträchtigen Fahrten ist die Hansabrücke (Tiergarten).

Berliner Geschichtswerkstatt e.V., Goltzstr. 49, 10781 Berlin (Schöneberg), Tel. 215 44 50, Fax 215 44 12. Di u. Do 15-18 Uhr. Fahrpreis DM 23.

KUNST & KULTUR...

...sowie Architektur sind angesagt bei den Stadtrundgängen von art:berlin. Bei der Tour »Varieté Chamäleon« spaziert man etwa durch die bunte Galerieszene Berlins und bekommt nebenbei Stadtgeschichte erzählt. Spannend ist ein Besuch des immer noch wachsenden neuen Regierungsviertels. Wer neuen Trends nachspürt, sollte an der Führung »Die Hackeschen Höfe und nebenan« teilnehmen. Besonderer Tipp: Ein Blick hinter die Kulissen des Hotel Adlon. Erkundigen Sie sich, ob und wann diese spezielle Veranstaltung angeboten wird.

art:berlin, Elke Melkus, Oranienburger Str. 32, 10117 Berlin (Mitte), Tel. 28 09 63 90. 2-std. Führungen DM 12 (erm.). Spezial-Touren wie »Hotel Adlon« sind teurer!

ZEIT FÜR KUNST

Auf Spurensuche nach jüdischem Leben in Berlin können sich Hobby-Historiker mit dem Kultur Büro begeben: Der Spaziergang »Rund um die Synagoge« macht's möglich. Die Touren »Friedrichstraße: Berlins Corso damals, heute, morgen« und »Prenzlauer Berg. Besichtigung einer Legende« sind nicht weniger interessant. Eine Übersicht über die regelmäßigen »Stadt(ver)führungen« kann beim Veranstalter angefordert werden. Übrigens: Wer nicht so gut zu Fuß ist, sollte sich nicht die Drei-Stunden-Tour aussuchen.

Kultur Büro-Berlin – Zeit für Kunst e.V., Greifenhagener Str. 62, 10437 Berlin (Prenzlauer Berg), Tel. 444 09 36. 2-stündige Tour DM 14, 3-stündige Tour DM 18.

AUSFLUG INS BIOSPHÄRENRESERVAT

Spaziergang – Dauer ca. 1 Std. – An- u. Rückfahrt: Per Bahn bis Bf. Angermünde, von dort per Bus 14 o. 15 (alle 2 Std.) oder zu Fuß auf dem ausgewiesenen Wanderweg zur Blumberger Mühle (ca. 4,5 km). Per Auto über die A 11 bis Abf. Joachimsthal, dann B 198 Ri. Prenzlau über Angermünde bis Kerkow, dort links Ri. Görlsdorf – Nicht vergessen: Fernglas

Ihr »Grünes Wunder« erleben Großstadtmenschen rund eine Bahnstunde von Berlin entfernt in der Nähe von Angermünde. Am Rand des rund 130.000 Hektar großen Biosphärenreservates Schorfheide-Chorin führt das Informationszentrum »Blumberger Mühle« in die regionstypische Flora und Fauna ein. Hunderte Seen, Teiche und Sümpfe, weitläufige Wald- und Wiesenflächen und zahlreiche Moore machen den Reiz der Landschaft aus. Viele vom Aussterben bedrohte Tier- und Pflanzenarten sind hier noch zu Hause: See-, Schrei- und Fischadler, Kranich und Schwarzstorch sowie eine Vielzahl von Insekten. Fischotter- und Biberfamilien tummeln sich in den Gewässern und sogar die Europäische Sumpfschildkröte. Hobby-Botaniker freuen sich über seltene Pflanzen wie heimische Orchideen, Wollgras, Küchenschelle und Seekanne. Spazieren Sie durch die 14 Hektar große Erlebnislandschaft und Sie bekommen einen Eindruck des Reservates. Da geht es entlang an Gewässern oder – besonders spannend – auf einem schwankenden Weg direkt durchs Moor. Praktisch: An den schönsten Fleckchen laden Sitzgelegenheiten zum Verweilen ein. Wer mehr hören, sehen und riechen möchte, nimmt an einer Führung teil, und wenn die Füße nicht mehr mitmachen, bleibt immer noch die Kremserfahrt.

Wandern Sie weiter durch das benachbarte Naturschutzgebiet Blumberger Teiche. Dort ziehen über schilfbesäumten Uferwegen, Sümpfen, Misch- und Nadelwäldern Seeadler ihre Kreise.

Einen Überblick verschaffen Sie sich vom Aussichtsturm. Natur pur können Sie aber auch im Infozentrum, das einem Baumstamm nachempfunden wurde, erleben: Da erzählt z.B. ein alter Baum, der jetzt als Sitzwarte für Seeadler dient, aus seinem Leben. Oder Sie beobachten das geschäftige Treiben an den Blumberger Teichen. Aufregend sind die Live-Übertragungen per Videokamera, die Tierleben dokumentieren, das sonst im Verborgenen bleibt. So werden Besucher zum Beispiel Zeuge des bunten Treibens im Fischadlerhorst.

Wenn die frische Luft Sie hungrig gemacht hat, können Sie sich in der Cafeteria mit regionstypischen Öko-Gerichten aus der hauseigenen Küche stärken. Wer es rustikaler mag, nimmt draußen im Gartenlokal »Biberburg« Platz.

- *Blumberger Mühle, Nabu-Informationszentrum, Blumberger Mühle 2, 16278 Angermünde, Tel. 03331-26 04-0. April-Okt: So-Fr 9-18, Sa 9-20 Uhr, Nov-März: Mo-Fr 9-16, Sa u. So 9-17 Uhr. Eintritt inkl. Führung: Erw. DM 8, Rentner DM 6,50. Kremserfahrt (nur nach Anmeldung) DM 7 p.P. u. Std.*
- *Biberburg, Blumberger Mühle 2, 16278 Angermünde, Tel. 03331-26 04-0. April-Okt: So-Fr 9-18, Sa 9-20 Uhr.*

SPAZIERGANG DURCH DAHLEM

Spaziergang – Dauer: 1,5 Std. – An- u. Rückfahrt: Dahlem-Dorf U 1 – Nicht vergessen: Stadtplan

Wer am Bahnhof Dahlem-Dorf aus der U-Bahn steigt, den erwartet ein reetgedecktes Fachwerkhaus mit riesigem Blumenbeet. Ausgerüstet mit einem Stadtplan sollten Sie diese wunderschöne Ecke Berlins einmal näher erkunden.
Links gegenüber, auf der anderen Seite der Königin-Luise-Straße, können Dorfbesucher richtige Landluft schnuppern. Dort wartet die »Domäne Dahlem« auf Neugierige, ein ehemaliger Gutshof, der heute als einziger Schau-Bauernhof in der Hauptstadt bewirtschaftet wird. Werfen Sie einen Blick in die Ställe oder in die niedrigen Nebengebäude, wo sich die Werkstätten befinden: Schmiede, Blaudruckerei, Tischlerei und Töpferei. Mit etwas Glück kann man den Handwerkern bei der Arbeit auf die Finger gucken. Oder Sie machen einen Spaziergang über das 19-Hektar-Gelände, vorbei an der Kuhweide und den Schweinekoben, in denen sich kleine Ferkelchen tummeln.
Noch ein Stück die Straße hinunter, auf der anderen Seite der Pacelli-Allee, träumt auf dem Dahlemer Friedhof die St. Annenkirche aus dem 13. Jahrhundert vor sich hin. Auf dem Kirchhof sind Theologie-Professor Helmut Gollwitzer nebst Gattin Brigitte begraben, die in der Bekennenden Kirche Widerstand gegen die Nationalsozialisten leisteten.
Wer sich nun wieder Richtung Süden wendet und durch Bachstelzenweg und Bitterstraße zum Thielpark schlendert, kann dort auf einer Bank prima eine Pause einlegen. Wundern Sie sich nicht über die vielen jungen Leute. Denn im feinen Dahlem hat auch die Freie Universität ihren Sitz – verteilt auf viele kleine Villen und zwei große, klobige Neubauten an der Habelschwerdter Allee, nach ihrer Farbe von den Studenten »Rost-« und »Silberlaube« genannt. Sind Sie zufällig auf der Suche nach preisgünstigen Büchern? Dann werden Sie vor dem Mensa-Eingang in der Otto-von-Simson-Straße (früher: Kiebitzweg) fündig: Dort bieten Händler ihre Ware aus zweiter Hand feil.
Unser Spaziergang führt uns den Weg weiter bis in die Lansstraße, wo die Staatlichen Museen Dahlem außereuropäische Kulturen lebendig machen. Besonders beeindruckend sind riesige Boote aus der Südsee, die im Museum für Völkerkunde in Originalgröße bestaunt werden können. Spätestens jetzt ist Zeit für eine kleine Stärkung: z. B. im Museums-Restaurant. Oder Sie suchen sich einen Platz in der »Luise«, einer Gaststätte mit Biergarten. Im Studenten-Treffpunkt Nummer eins, direkt an der Königin-Luise-Straße, werden auch ältere Gäste freundlich bedient.

- *Domäne Dahlem, Königin-Luise-Str. 49, 14195 Berlin (Dahlem), Tel. 832 80 00. Mi-Mo 10-18 Uhr. Eintritt DM 3.*
- *Völkerkundemuseum, Lansstr. 8, 14195 Berlin, Tel. 830 14 38. Museum u. Café: Di-Fr 10-18, Sa u. So. 11-18 Uhr. Eintritt DM 4.*
- *»Luise«, Königin-Luise-Str. 49, 14195 Berlin (Dahlem), Tel. 832 84 87. Tägl. 10-1 Uhr.*

NATUR & ERHOLUNG IM SCHLAUBETAL

Tagesausflug – An- u. Rückfahrt per Auto: A 12 Ri. Frankfurt/Oder, Abf. Müllrose

Wenn Sie Hektik und Großstadtlärm vergessen möchten, machen Sie sich auf ins Schlaubetal, nur rund eine Autostunde von Berlin entfernt. 20 km schlängelt sich der kleine Fluss Schlaube durch Wälder, Wiesen und Schluchten, durchquert dabei etliche Seen und bildet das Herz des Naturparks Schlaubetal. Über 100 Pflanzenarten und an die 200 Vogelarten sind hier zu Hause. Im Naturpark leben Fledermäuse, See- und Fischadler, Uhu und Eisvogel, Schwarzstorch und Schreiadler, Sumpfschildkröte und Bachforelle. Das »Tor zum Schlaubetal« ist das kleine Städtchen Müllrose, wo es eine Touristeninformation gibt, in der Sie sich mit Kartenmaterial versorgen können.

Wandern Sie doch neun Kilometer rund um den Müllroser See. Auf halber Strecke können Sie sich in der Pension »Am See« stärken. Oder die müden Wanderer kehren, zurück in Müllrose, in der »Linde« ein. Wer längere Touren sucht, nimmt den Hauptwanderweg und überzeugt sich selbst davon, dass er durch eines der schönsten Bachtäler Brandenburgs spaziert. Sie können auch mit dem Auto etwas weiter ins Tal fahren bis zum Örtchen Siehdichum. Dort stoßen Sie auf zahlreiche markierte Rundwanderwege, zwischen vier und zehn Kilometer lang. Im Süden, oberhalb des Wirchensees, gibt das Naturschutz- und Informationszentrum Schlaubemühle Auskünfte über Flora und Fauna. Von dort führt ein ca. 4 km langer Lehrpfad um den See. Und das Restaurant des »Waldseehotels am Wirchensee« sorgt für das leibliche Wohl. Der Wirchensee eignet sich wegen seiner steilen Ufer zwar nicht zum Schwimmen, aber Pinnower-, Groß-, Schervenz- und Großer Treppelsee laden zum Baden ein. Ein besonderer Spaß im Schlaubetal ist der große »Fischzug« am ersten Sonntag im Oktober: Dann werden alle Fische, die den Sommer über dick und fett geworden sind, mit riesigen Netzen aus dem Klingeteich bei Klingemühle gefischt. Mit Kremserfahrten und Musikprogramm geht's hoch her. Über diese und andere Veranstaltungen und Freizeitaktivitäten sowie Übernachtungsmöglichkeiten können Sie Infomaterial bei der Schlaubetalinformation in Müllrose anfordern. Dort erfahren Neugierige selbstverständlich auch persönlich alles Wissenswerte über das hübsche Bachtal.

- *Pension »Am See«, Am Ostufer 1, 15299 Müllrose, Tel. 033606-304. Nur April-Okt: Mo-Fr ab 12, Sa u. So ab 11 Uhr.*
- *Zur Linde, Am Markt 1, 15299 Müllrose, Tel. 033606-700 22. Mo-Sa 11.30-24, So 11-22 Uhr.*
- *Naturschutz- u. Informationszentrum Schlaubemühle, 15898 Treppeln, Tel. 033673-59 52. April-Okt: Mo-Fr 8.30-18, Sa u. So 14-17 Uhr, Nov-März: Mo-Fr 8.30-16 Uhr.*
- *Waldseehotel Wirchensee, 15898 Treppeln, Tel. 033673-667. Tägl. ab 11.30 Uhr.*
- *Schlaubetalinformation im Haus des Gastes, Kietz 5, 15299 Müllrose, Tel. u. Fax 033606-667. Mo-Fr 9-12 u. 13-16, Sa 9-12 Uhr.*

AUSFLUG IN DEN SPREEWALD

Tagesausflug – An- u. Rückfahrt: Regional-Express 2 ab Bf. Zoo bis Bf. Lübbenau. Mit dem Auto über die A 13 Ri. Cottbus, Abf. Lübbenau

Den Spreewald können Sie ganz bequem auf eigene Faust durchforsten. Beine und Füße werden bei diesem Ausflug geschont, denn bekanntermaßen bewegen sich hier (nicht nur) die erholungsbedürftigen Stadtbewohner bevorzugt auf den unzähligen viel verzweigten Kanälen und Seitenarmen der Spree fort. Sie fungierte als Namensgeberin für den von der UNESCO 1990 zum Biosphärenreservat ernannten Forst. Um sich keine nassen Füße zu holen, erkundet man den Wald – von April bis Oktober – am besten im Boot. Gemütlich von einem Kanal zum nächsten zu gondeln, mal durch dichten Wald, mal durch saftige Wiesenlandschaften mit Schilf am Ufer, zwischendurch ein Besuch im Spreewaldmuseum – solch ein Erlebnis lohnt die etwas längere Anfahrt allemal. Ein möglicher Ausgangspunkt ist Lübbenau, dort starten die organisierten Bootstouren. Sich in einem Kahn zusammen mit rund 25 anderen Gästen von einem Fährmann wie in Venedig durch die Kanäle schippern zu lassen, ist die bequeme Fortbewegungsart. Touren zwischen 1,5 und 8 Stunden Dauer werden angeboten, Museums- und Gaststättenbesuche inklusive. Wer fit genug ist und das Abenteuer sucht, kann selbst zum Paddel greifen und abseits der Touristenwege die Natur entdecken. Die Bootsverleiher liefern übrigens Wasserkarten gleich mit, sodass sich keiner im Kanalwirrwarr verirrt. In den Karten eingezeichnet sind ein bis vier Stunden lange Touren.

Egal, ob Sie selbst schippern oder sich schippern lassen, besuchen Sie den Spreewald lieber unter der Woche, dann ist nicht so viel Trubel auf den Fließen und Sie können den Ort Lehde auch vom Wasser aus erreichen. Dort wartet das Spreewaldmuseum auf Besucher: Drei regionstypische Bauernhöfe dokumentieren Kultur und Leben der Sorben vom Mittelalter bis heute. Nett ist auch ein Abstecher ins Bauernhaus- und Gurkenmuseum auf dem Gelände des Gasthauses »Quappenschänke«. Das Bauernhaus samt Einrichtung zeigt das Leben der Spreewaldbewohner und ihrer Vorfahren, und in einer Halle nebenan werden in alten Holzfässern Gurken nach verschiedenen Rezepten aus der Jahrhundertwende konserviert. Museumsbesucher dürfen probieren.

- *Anleger der Boote in Lübbenau, Am Hafen/Ecke Dammstr. 2-stündige Kahnfahrt DM 10.*
- *Spreewaldmuseum, 03222 Lehde, Tel. 03542-24 27. Nov-März: Sa u. So 14-17 Uhr, April-Mitte Sept: tägl. 10-18 Uhr, Sept. -31. Okt: tägl. 10-17 Uhr. Eintritt: DM 6.*
- *Gurkenmuseum, An der Dolzke 6a, 03222 Lehde, Tel. 03542-89 99-0. April-Okt tägl. 11-18 Uhr, bei schlechtem Wetter bis 16 Uhr. Eintritt DM 3.*
- *Tourismusverband Spreewald e.V., Lindenstr. 1, 03226 Raddusch, Tel. 035433-722 99. Mo-Fr 8-17 Uhr. Infos, auch über Verleih u. Reservierung von Paddelbooten.*

Radeln auf den Spuren des Alten Fritz

Radtour – Streckenlänge: 15-18 km – An- u. Rückfahrt: Bf. Potsdam Stadt S 7, RB 22

Entdecken Sie Potsdam mit dem Fahrrad! Dank eines Modellprojekts der Stadt geht das hier besonders einfach – mit der Tour »Alter Fritz«. Damit sich niemand verfährt, geleiten Hinweisschilder die Radler durch die Stadt. Los geht's am Bahnhof »Potsdam Stadt«. Dort kann man sich bei »City-Rad«, das sich in vier blauen Eisenbahnwaggons befindet, ein Faltblatt holen, auf dem die ganze Route eingezeichnet ist, und – falls nötig – auch ein Velo borgen.
Über die Lange Brücke gelangen die Radler zum Marstall, in dem das Filmmuseum untergebracht ist. Überqueren Sie die Dortusstraße und folgen Sie weiter der Beschilderung. Was ist das denn zu Ihrer Linken, eine Moschee mitten in Potsdam? Das Gebäude sieht nur so aus, als würde im Innern gebetet. Tatsächlich verbirgt sich darin ein Dampfmaschinenhaus mit technischem Museum. Noch ein paar Meter weiter, und zur Linken der Radler fließt die Havel. Weiter geht's zum Schloss Charlottenhof und um den gesamten Park Sanssouci herum, vorbei an königlichen Anlagen wie dem Neuen Palais und dem Schloss. Übrigens: Am Luisenplatz in der Nähe des Schlosseingangs laden jede Menge Cafés zur kurzen Pause. Interessant ist auch die historische Windmühle.
Nach dem vielen Grün geht es jetzt wieder durch die Stadt bis zur Siedlung Alexandrowka, die eigens für einen russischen Militärchor gebaut wurde. Und schon kommt die nächste Parkanlage: der Neue Garten mit dem Schloss Cecilienhof. Hier heißt es erst einmal absteigen und schieben, Fahrradfahren ist am Ufer des Jungfernsees nämlich nicht erlaubt. Aber keine Angst: Sobald die »Berliner Vorstadt« beginnt, dürfen Sie sich wieder auf den Sattel schwingen. Erneut führt der Weg an der Havel entlang zum teilweise liebevoll restaurierten Holländischen Viertel. Die Häuser dort wurden im Auftrag des Soldatenkönigs Friedrich Wilhelm I. für holländische Einwanderer errichtet. Gegenüber vom Holländischen Viertel können sich erschöpfte Radler im »Klosterkeller« stärken. Nur wenige Radminuten sind es von »Klein-Amsterdam« bis zum Alten Markt mit der Nikolaikirche und dem historischen Rathaus. Auf der anderen Seite der Langen Brücke sind Sie schließlich wieder am Ausgangspunkt der Tour angelangt.

- *City-Rad, Am S-Bf. Potsdam-Stadt (re. Seitenausgang), 14467 Potsdam, Tel. 0331-27 02 29. Leihgebühr DM 15, für Rentner DM 10,50 pro Rad und Tag.*
- *Filmmuseum, Marstall, 14467 Potsdam, Tel. 0331-27 18 10. Di-So 10-18 Uhr. Eintritt DM 4.*
- *Technisches Museum, Breite Str./Ecke Zeppelinstr. 14467 Potsdam, Tel. 0331-969 42 02. Mitte Mai-Mitte Okt: Sa u. So 10-17 Uhr und f. Gruppen n. Vereinb.*
- *Windmühle, Maulbeerallee 5, 14467 Potsdam, Tel. 0331-969 42 84. April-Okt: Di-So 10-18 Uhr.*
- *Weitere Infos erteilt die Potsdam-Information, Friedrich-Ebert-Str. 5, 14467 Potsdam, Tel. 0331-27 55 80. Mo-Fr 9-20, Sa 9-18, So 10-17 Uhr.*

MIT DEM RAD ZU STERNEN UND SCHIFFEN

Radtour – Dauer: ca. 1 Std. – An- u. Rückfahrt: S 4, S 6, S 8, S 9 – Nicht vergessen: Stadtplan

Wer sich seit langem zum ersten Mal wieder auf einen Drahtesel schwingt, kann getrost zu dieser Tour durchs Grüne starten. Denn auf unserer Route stören Autos nur beim Überqueren der Straße. Ausgangspunkt ist der S-Bahnhof Treptower Park. (Langjährige Radler kommen selbstverständlich nicht mit der S-Bahn, sondern radeln – immer dem Stadtplan folgend – direkt von zu Hause hierher. Ein wenig Anstrengung muss schließlich sein...)

Von der S-Bahn-Station Treptower Park aus überqueren Sie die Puschkin-Allee, und schon geht's ohne stinkende Autos quer durch die grüne Anlage. Bald ist das Sowjetische Ehrenmal in Sicht, das 1946-49 für die im Kampf um Berlin gefallenen Soldaten errichtet wurde.

Lässt man das Ehrenmal rechts liegen und hält sich links, gelangt man zur Archenhold-Sternwarte. Hier steht das längste Linsenfernrohr der Welt. Das 1896 zur Gewerbeausstellung eingeweihte Monstrum war mit 21 Meter Länge und 130 Tonnen Gewicht schon damals eine Sensation. Nur bei Führungen sonntags um 15 Uhr können Sie das Riesenrohr in Bewegung sehen, ein Blick hindurch bleibt Besuchern leider verwehrt.

Genug in die Sterne geschaut. Wieder in linker Richtung überqueren Sie jetzt die Straße Alt-Treptow und radeln geradeaus bis zu einer kleinen Fußgängerbrücke, die zur »Insel der Jugend« führt. Ein kleiner Abstecher dorthin lohnt sich und die Wiesen eignen sich hervorragend für ein kleines Picknick! Gleich rechts am Wasser entlang und durch den Wald hindurch ist ein paar Meter weiter schon der Rummel-Lärm zu hören, und ehe Sie sich's versehen, sind Sie am Spreepark angelangt. Hinter dem beschaulich klingenden Namen verbirgt sich ein richtiger Rummel mit Autoskooter und Wildwasserbahn, ein Nachbau des Las Vegas' der 50er-Jahre. Aus dem Alter für wilde Achterbahn-Fahrten sind Sie vielleicht heraus, aber bestimmt genießen Sie den Blick vom Riesenrad, eine Bootstour durch den Park oder eines der wechselnden Showprogramme. Das aktuelle Programm liegt an der Kasse aus.

Gönnen Sie sich für den Rückweg eine kleine Abwechslung und fahren Sie immer am Wasser entlang. Kurz hinter der Brücke können Sie in der Gaststätte »Zenner« eine Kleinigkeit essen. Oder Sie kaufen sich am Anleger der Stern- und Kreisschiffahrt (noch ein paar hundert Meter weiter) ein Eis. Der S-Bahnhof Treptow ist jetzt nur noch einen Katzensprung entfernt.

- *Archenhold-Sternwarte, Alt-Treptow 1, 12435 Berlin (Treptow), Tel. 534 80 80. Führungen: Mi 18, Sa u. So 15 Uhr. Eintritt DM 6, Rentner DM 4.*
- *Spreepark, Eingang Neue Krugallee, 12437 Berlin (Treptow), Tel. 533 35-0 u. 533 35-260. März-Okt tägl. 10-19 Uhr. Eintritt: Erwachsene DM 29.*
- *Haus Zenner, Alt-Treptow 14-17, 12435 Berlin (Treptow), Tel. 533 72 11. Tägl. ab 9 Uhr.*

RADTOUR NACH WERDER

Radtour – Streckenlänge 8 bzw. 15 km – An- u. Rückfahrt: Potsdam Charlottenhof RE 1, RB 33

Auch Neueinsteiger können bei dieser Mini-Tour mitradeln. Los geht's am Bahnhof Potsdam Charlottenhof, neben der Bundesstraße 1 in Richtung Brandenburg. Durch die Pirschheide und den Wildpark zu strampeln macht besonders viel Spaß, wenn im Herbst das Laub in allen Farben leuchtet. Nach drei Kilometern erscheint das Ortsschild von Geltow. Jetzt heißt es aufgepasst, denn der Radweg ist zu Ende und der Verkehr nicht zu unterschätzen. Auf der Straße geht es durch den Ort zunächst noch in Richtung Werder, dann biegen Sie rechts Richtung Eiche/Golm ab.
Folgen Sie dieser Straße, die nach einer Biegung »Am Wasser« heißt, bis zu einem hübschen Häuschen mit der Nummer 19. Hier lohnt eine kleine Strampelpause zum Besuch des Webereimuseums. Weil die bis zu 300 Jahre alten Webstühle nicht nur langweilig zwischen Steinmauern aus dem 18. Jahrhundert herumstehen, sondern mit ihnen immer noch Stoffe, Tischtücher, Gardinen und Handtücher hergestellt werden, heißt die Weberei »Aktives Museum – Kunsthandweberei«. Mitarbeiterinnen zeigen, wie Stoffe früher in mühevoller Kleinarbeit angefertigt wurden. Wer sich ein Andenken mitnehmen möchte, kann im kleinen Verkaufsraum ein handgewebtes Hemd aus Leinen oder ein edles Wolltuch erstehen.
Sollte jetzt ein kleiner Imbiss angesagt sein, kehren Sie in der Gaststätte Baumgartenbrück ein, die auf der Straße Richtung Werder links hinter der Brücke liegt. Frisch gestärkt schaffen auch Radtour-Neulinge die rund vier Kilometer zurück nach Potsdam, denn hier ist die Mini-Tour schon zu Ende.
Alte Radl-Hasen mit mehr Bewegungsdrang können noch länger in die Pedale treten und fahren auf der B 1 ca. drei Kilometer weiter bis Werder. Dort ist in der letzten Aprilwoche Baumblütenfest. Mit allem, was Räder hat, geht es dann in die rund fünf Kilometer entfernten Obstplantagen, die sich insgesamt über 4.000 Hektar erstrecken und die Besucher in ein Meer von Kirsch-, Apfel- oder Pfirsichblüten tauchen. Ein Werder-Besuch auf der nur 300 m breiten Insel mit hübschem Altstadtkern, Obstbaumuseum und Bockwindmühle lohnt auch ohne Baumblüten-Trubel. Fahrrad-Fans wird das Zweirad-Museum interessieren. Dort sind Fahrräder von 1860 bis 1935 zu bewundern sowie Motorräder, die zwischen 1918 und 1955 herumknatterten. Auf Wunsch wird Gruppen die Kunst des Hochradfahrens gezeigt – für Mutige mit Probefahrt.

- *Aktives Museum – Kunsthandweberei, Henni Jaensch-Ziemer, Am Wasser 19, 14542 Geltow, Tel. 03327-552 72. Di-So 11-17 Uhr. Erw. DM 3,50, Senioren DM 2.*
- *Gaststätte Baumgartenbrück, Baumgartenbrück 4-5, 14542 Geltow, Tel. 03327-552 11. Di-So 12-22 Uhr.*
- *Zweiradmuseum, Mielestr. 2, 14542 Werder, Tel. 03327-40974. April-Okt: Mi-So 10-17 Uhr, Nov.-März: Sa u. So 10-16 Uhr.*

MIT DEM RAD UM DEN LANGEN SEE

Radtour – Streckenlänge: 25 km – An- u. Rückfahrt: Grünau S 6, S 8, S 46 – Nicht vergessen: Stadtplan, Proviant

Wald, Wasser und herrliche Ausblicke: Mitten durchs Grüne führt diese Rundfahrt ab dem S-Bahnhof Grünau. Überqueren Sie die Straße »Adlergestell« und radeln Sie durch das Wäldchen hinter den Tramschienen der »Ausflugslinie« 68. Durch die Büxensteinallee gelangen die Pedalritter geradewegs auf die Regattastraße. Bitte rechts einbiegen, die Herrschaften, und sich entlang Berlins ältester Regattastrecke, auf der bereits 1881 erste Ruder- und Segelwettbewerbe stattfanden, an der schönen Aussicht erfreuen!
An der »Bammelecke« (detaillierte Stadtpläne haben diese kleine Landzunge eingezeichnet) empfiehlt es sich, links den Uferpfad zu nehmen. So können die Ausflügler die wunderbare Aussicht auf den Langen See und die Müggelberge am anderen Ufer genießen. Schon bald landen sie wieder auf der Hauptstraße und gelangen auf der Vetschauer Allee zu den Häusern von Karolinenhof. Radeln Sie die etwas unwegsame Vetschauer Allee bis zum Adlergestell und biegen links ab. Jetzt müssen Sie einige Meter Autolärm in Kauf nehmen. (Wer das vermeiden möchte, sucht sich per Stadtplan einen Weg am Seeufer entlang, vorbei an Datschas und Boosthäusern. Achtung: Irgendwann müssen auch die Abenteurer zum Adlergestell!)
Dafür werden Sie auf der Schmöckwitzer Brücke mit einer fantastischen Sicht auf die Seen ringsum belohnt. Wo man bis 1996 noch im legendären Gasthof »Zur Palme« speisen konnte, gibt es heute direkt am Ufer des Seddinsees immerhin noch »Snacks«. Nehmen Sie links hinter der Brücke den Schwarzen Weg. Wunderschön durch ein Wäldchen, später am Havel-Spree-Kanal entlang, wo sonntags um die Mittagszeit etliche Angler ihre Sachen einpacken, führt der – zuweilen leider etwas steinige – Holperweg.
Dann heißt es absteigen und den Drahtesel links über eine kleine Fußgängerbrücke schieben. Immer geradeaus führt die zum Teil etwas sandige Straße rund drei Kilometer bis hinein nach Gosen. Sobald links das Wasser auftaucht, geht die Radelei am Ufer weiter bis zur Gosener Landstraße. Links abgebogen und dann kräftig in die Pedale getreten. Ruckzuck ist man in Müggelheim, da nimmt man den Verkehr auf der Landstraße für ein paar Kilometer in Kauf.
Jetzt müssen sich die rüstigen Radler noch mal kräftig ins Zeug legen, um links die Ludwigshöhe hochzustrampeln. Wer's geschafft hat, wird mit einer bequemen Abfahrt belohnt. Lassen Sie das hübsche Wasserwerk Müggelheim links liegen und fahren Sie über den nächsten Parkplatz zum Ufer hinunter. Rechts geht's zum Stadtteil Wendenschloß, wo man über Möllhausenufer, Wendenschloßstraße, Ekhofstraße zur Niebergallstraße gelangt. Dort setzt eine BVG-Fähre alle halbe Stunde (am Wochenende) über den Langen See. Auf dem Weg dorthin warten übrigens mehrere Cafés auf müde Sportsfreunde. Am anderen Ufer führt die Wassersportallee zurück zum S-Bahnhof Grünau.

Fernreisen

Gehören Sie zu den Menschen, die schon lange ihrem Ruhestand entgegenfieberten, weil sie nun endlich Zeit haben ihre Urlaubsträume zu realisieren? Dann wissen Sie wahrscheinlich schon, wohin die nächste Reise gehen wird. Falls Sie noch Anregungen suchen: Hier finden Sie Studienreisen, »Kurlaube«, Schiffsreisen, Kulturfahrten und... – in Deutschland oder weltweit. Und allen, die Schneematsch und Kälte entfliehen möchten, ermöglicht ein Langzeiturlaub das Überwintern im sonnigen Süden.

Egal, wohin Sie fahren, denken Sie bei der Buchung daran, nach Vergünstigungen zu fragen. Viele Reiseveranstalter gewähren – vor allem in der Nebensaison – einen so genannten »Senioren-Rabatt«, auch wenn dieser nicht immer explizit im Katalog ausgewiesen wird. Oft können Sie auch sparen, indem Sie die Leistungen verschiedener Anbieter vergleichen und frühzeitig buchen. Lassen Sie sich im Reisebüro beraten, nicht nur was den Preis, sondern auch das gewählte Urlaubsland, Reisezeit und gesundheitliche Vorsorgemaßnahmen betrifft, damit Sie vor Ort keine unliebsamen Überraschungen erleben.

Auch wenn Sie regelmäßig auf ärztliche und/oder pflegerische Betreuung angewiesen sind, müssen Sie nicht zu Hause bleiben. Manche Veranstalter und auch Wohlfahrtsorganisationen bieten spezielle »Seniorenreisen« an, die Sie ins In- und Ausland führen. Dabei wohnen Sie in komfortablen, oft auch behindertengerechten Hotels, werden gemäß Ihren Bedürfnissen versorgt und genießen ein buntes Ferienprogramm. Gute Reise!

HURTIGRUTEN

Zugegeben, klassische Kreuzfahrten sind teuer und mitunter etwas steif. Eine prima Alternative für alle, die Lust auf eine preiswertere und trotzdem komfortable Schiffsreise haben, ist eine acht- bis vierzehntägige Passage auf einem Postschiff der norwegischen »Hurtigruten«. Elf verschiedene Routen entlang der norwegischen Küste mit ihrer einzigartigen Fjordlandschaft oder über den Polarkreis hinaus bis an die Grenzen Russlands stehen zur Auswahl. Nicht die schnellste, aber mit Sicherheit die abwechslungsreichste Art, den Norden zu entdecken.

Information u. Buchung in allen Karstadt-Reisebüros. 8-tägige Reise inkl. Flug, VP ab DM 2.245, für Senioren ab 67 Jahren Ermäßigung.

NORDAFRIKA

Ägypten, Marokko, Tunesien – längst ist eine Reise in den Vorderen Orient kein strapaziöses Abenteuer mehr. Vor allem nicht, wenn das Reiseziel eine nach europäischen Standards ausgestattete Hotelanlage ist. Der Veranstalter ITS hat sich auf Nordafrika spezialisiert und besondere Angebote für Senioren im Programm. Der »Seniorenclub« wartet mit einem auf ältere Urlauber zugeschnittenen Freizeitangebot auf. Das Stichwort »Senioren 55 plus« im Katalog steht für Preisnachlässe.

ITS-Reisen, 51140 Köln. Katalog u. Buchung im Reisebüro. 1 Woche Tunesien inkl. Flug, HP ab ca. DM 600.

LANGZEITURLAUB

Träumen Sie davon, unter Palmen zu überwintern? TUI macht's möglich: »Club Mallorquin«, »Club Teneriffe« und »Club Cypria« sind Angebote für Langzeiturlauber. Sie umfassen nicht nur besonders günstige Tarife für Flug und Unterkunft, sondern auch regelmäßige Veranstaltungen, die für Kontakte und Kurzweil unter den Überwinternden sorgen. Das Programm reicht vom Fitnesskurs bis zur Dichterlesung; Sie können selbst entscheiden, welche Angebote Sie nutzen möchten.

Information u. Buchung im Reisebüro. Mindestdauer 5 Wochen. 8 Wochen Mallorca inkl. Flug, HP DM 2.489.

WINTER IN DER ÄGÄIS

Die Seele baumeln lassen und dem Körper mit viel Bewegung an frischer Luft etwas richtig Gutes tun – bei einem Segelurlaub können Sie sich rundum erholen. Wintermüden Mitteleuropäern, die mindestens acht Wochen Zeit haben, bietet »Acamar« von November bis März gemütliche Segeltörns in der Ägäis an. Dabei geht es ruhig und erholsam zu und es bleibt viel Zeit für die Erkundung der angelaufenen Inseln. Abgesehen vom Skipper befinden sich maximal vier Personen an Bord, die keine Segelkenntnisse haben, aber »seetüchtig« sein müssen.

Acamar, André Blanc, Route des Monts-de-Lavaux 24b, CH-1092 Belmont, Tel. 0041-21-729 88 66. Internet: www.acamar.net. 9-Wochen-Törn ca. DM 250 p.P. u. Woche.

WANDERURLAUB

Tagelang durchs Grüne wandern – wie herrlich! Wenn da nicht das Gepäck wäre... Ganz ohne den notwendigen Ballast können nicht nur lustige Müller mit diesem Sportverein wandern. Vier bis fünf Tage stapfen Sie mit versiertem Führer z.B. durch das idyllische Tal der Spree, während Ihr Gepäck hinterhergekarrt wird. Und am Abend muss niemand allein im Pensions-Kämmerlein sitzen: Da sorgen Heimatabende und Ähnliches für Stimmung. Das Gleiche gilt für den Wanderurlaub im Allgäu, wo die Naturfreunde sich von einem Standort aus täglich neue Wanderziele suchen.

SV Empor Köpenick e.V., Kiez 18, 12557 Berlin (Köpenick), Tel. 651 64 60. 4 Tage Wandern inkl. Fahrt, HP DM 320.

NAH- & FERNREISEN

Im dicken Katalog von Wörlitz-Tourist, dem »Berliner Reiseveranstalter mit einem Herz für Senioren«, werden auch Unentschlossene fündig: Von der 6-Tage-Busreise in den Südschwarzwald über die kombinierte Bus-/Schiffsreise nach Schottland und Norwegen bis hin zum Karibikurlaub auf Kuba – bei dieser Auswahl packt einen das Fernweh. Die Reiseleiter stellen sich auf die älteren Mitfahrer ein, Nachtfahrten sind tabu. Gebucht wird telefonisch, bei der Zentrale oder in einem von 420 Berliner Reisebüros.

Wörlitz-Tourist, Rigaer Str. 29A/D, 10247 Berlin (Friedrichshain), Tel. 42 21 95 23. 6 Tage Südschwarzwald inkl. Fahrt, HP DM 688.

KulTouren

Sie wollen sich auf Ihrer Reise nicht am Strand langweilen, sondern sich fundiertes Wissen aneignen, und das in einer Gruppe Gleichgesinnter? Bei den »URANIA KulTouren« geht es zu kultur- und kunsthistorischen Zeugnissen vergangener Kulturen, z.B. in den fernen Osten auf eine Reise von Hongkong nach Peking. Oder Sie werfen einen Blick in Leben und Kultur der Spanier in Andalusien und Kastilien. Die Reiseprogramme werden von Wissenschaftlern, die sich im jeweiligen Land bestens auskennen, zusammengestellt. Die laut Veranstalter »relativ kleine Gruppe kultivierter Menschen« setzt sich aus allen Altersgruppen zusammen, in der auch ältere Menschen ihren Platz haben. Allerdings sind nicht alle Reisen »seniorentauglich«, etwa wegen zu starker körperlicher Belastung. Informieren Sie sich also vorher, damit Ihre Reise nicht nur Strapazen sondern auch Erholung garantiert! Übrigens: Bei Vorbereitungsabenden können Sie Reiseleiter und Mitreisende schon kennen lernen, bevor es auf große Fahrt geht. Halbpension, Kosten für Flüge, Fahrten, Hotels, Besichtigungen, Eintritte, Führungen, Verpflegung und eine Reiserücktrittskostenversicherung sind bei allen Angeboten bereits im Preis enthalten.

URANIA KulTouren, An der Urania 17, 10787 Berlin (Schöneberg), Tel. 218 90 91, Fax 211 03 98. Reiseberatung und Anmeldung bei Windrose Fernreisen GmbH, Neue Grünstr. 28, 10179 Berlin (Mitte), Tel. 20 17 21 44. 20 Tage »Klassisches China« inkl. Flug, HP, Führungen DM 4.990.

SENIORENREISEN

Rainer Westermann hat sich auf begleitete Gruppenreisen für ältere Menschen spezialisiert. Egal ob's nach Mallorca geht, nach Griechenland oder an einen netten Urlaubsort in Deutschland: Nur seniorengeeignete Häuser und Orte werden angeboten. Das bedeutet etwa, dass in den Komforthotels viele Einzelzimmer für Alleinreisende zur Verfügung stehen oder dass größere Häuser über einen Fahrstuhl verfügen. Außerdem wird darauf geachtet, dass die Speisekarte auch Diätküche, etwa für Diabetiker, vorsieht und ein Arzt entweder direkt im Haus oder in der Nähe zu erreichen ist. Im Preis enthalten sind zudem kleine Ausflüge. Bei der Anreise – tagsüber, in komfortablen, mit WC ausgestatteten Bussen – wird auf viele Pausen Wert gelegt. Bei Flügen hat eine Begleitperson des Veranstalters ein offenes Ohr für Touristenwünsche. Auch Kuraufenthalte werden angeboten. Um zu buchen, müssen Reiselustige nicht mal vor die Tür. Unterlagen können per Telefon angefordert werden.

Prausestr. 5, 12203 Berlin (Steglitz), Tel. 84 31 08 81. 14 Tage Mallorca inkl. Flug, HP ab DM 1.400.

SPORTLICHE FERIEN

Moin, moin. Frühsport heißt es bei den Reisen des BTB morgens nach dem Aufstehen erst mal, damit die rüstigen Rentner ordentlich »in Gang kommen«. Mindestens eine sportliche Aktion kommt dann im Laufe des Tages noch hinzu: Gymnastik, Wandern, Radtouren oder Wattwandern. Bei den drei bis vier jährlichen Sportreisen, die meistens an Nord- oder Ostsee führen, sind sämtliche Sportangebote und die liebevolle Betreuung im Preis enthalten. Wer mal völlig abschalten möchte, lässt sich zur Tai-Chi-Reise für eine Woche auf eine Hallig schippern. Der Tai-Chi-Lehrer und die Köchin, die mit vegetarischer Vollwertkost fürs leibliche Wohl sorgt, werden in die Ferienwohnungen in der Einöde mitgebracht. Da heißt es dann Meditieren, bei einem Tai-Chi-Lehrer die Bewegungen des Kranichs erlernen und natürlich durchs Watt wandern.

Berliner Turnerbund (BTB), Vorarlberger Damm 39, 12157 Berlin (Schöneberg), Tel. 787 94 50. Kontakt: Dr. Luise Meier, Ehrenfelsstr. 40, 10318 Berlin (Lichtenberg), Tel. 508 25 28. Tai-Chi-Reise inkl. Fahrt, VP DM 750.

VIA REISESERVICE

Sie sind schlecht zu Fuß und scheuen deshalb den Weg ins Reisebüro? Die Mitarbeiter dieses Reisebüros kommen mit Laptop und Katalogen ausgerüstet zu Ihnen nach Hause, wo Sie sich in aller Ruhe Ihr nächstes Feriendomizil aussuchen können. Da wären: eine Acht-Tage-Flusskreuzfahrt auf dem Rhein, eine Kurreise nach Karlsbad oder eine Seniorenreise ins Ostseebad Binz.

Hermsdorfer Damm 179-181, 13467 Berlin (Reinickendorf), Tel. 404 56 01. 6 Tage Binz inkl. Fahrt, HP DM 498. Hausbesuch bei Geschäftsabschluss kostenlos.

Hobbys

Sie sind passionierter Briefmarkensammler, begeisterte Hobbymalerin oder viel beschäftigter Freizeitgärtner und freuen sich über die Gelegenheit, Ihrem Steckenpferd endlich mit Muße nachgehen zu können? Glückwunsch, dann haben Sie wahrscheinlich keine Probleme, Ihre Tage auf angenehme und anregende Weise zu füllen.

Viele Menschen waren aber durch Beruf oder Haushalt und Familie viele Jahre so eingespannt, dass sie keine Zeit hatten, ein Hobby zu pflegen. Wenn es Ihnen ebenso ergangen ist, dann ist es jetzt an der Zeit, sich ein Hobby zu suchen. Vielleicht gibt es ja eine Tätigkeit, die Sie schon immer gereizt hat? Egal, ob es Klavierspielen oder Bergsteigen ist – probieren Sie es doch einfach aus! Falls Sie mit einem Hobby liebäugeln, in das Sie nicht ohne Anleitung einsteigen können oder dessen Ausübung nur in einem Verein oder einer Gruppe möglich ist, erkundigen Sie sich, wo es in Ihrer Stadt solche Institutionen gibt. Oft helfen hier Interessenbörsen und die schwarzen Bretter in Stadtteil- und Nachbarschaftszentren weiter. Nur Mut, ein unverbindliches Hineinschnuppern ist überall möglich!

Falls Sie noch nicht so recht wissen, was zukünftig zu »Ihrem« Hobby werden könnte, blättern Sie weiter. Auf den nächsten Seiten finden Sie Gruppen und Vereine, deren Mitglieder in den besten Jahren sind und die sich spannenden und abwechslungsreichen Freizeitbeschäftigungen verschrieben haben. Bei allen vorgestellten Organisationen gilt: Neue Interessenten sind herzlich willkommen!

Theater der Erfahrungen

Vorhang auf für »graue Stars«: 50 Jahre und aufwärts sind die Schauspieler und Schauspielerinnen des Theaters der Erfahrungen. Der Name ist Programm, die Stücke sind Alltagsgeschichten der Laien-Schauspieler, die das Leben schrieb. In fünf verschiedenen Gruppen sind die Theaterleute aktiv. Da gibt es etwa die »Spätzünder« – die auch vor heißen Eisen wie Abtreibung damals und heute oder Eifersuchts- und Ehedramen – nicht Halt machen. Die »Grauen Zellen« aus Neukölln orientieren sich am Kabarett und nehmen Sorgen älterer Menschen humorvoll und charmant aufs Korn, während sich das Sonderprojekt »Spurensuche« Ernsterem widmet, nämlich der Frage, was es eigentlich heißt, jüdisch zu sein. »Der Ostschwung« hat die DDR-Vergangenheit im Blick, während »Die Küchenschaben« Ost-West zum Thema machen und ihr Publikum mitspielen lassen. Falls es auch Sie auf die Bühne zieht, haben Sie jede Menge Möglichkeiten, den Schauspieler in Ihnen herauszulassen. Mit Geld wird die Mühe zwar nicht belohnt, dafür mit gehörigem Applaus. Da die Bühne – schwuppdiwupp – überall aufgestellt werden kann, tingeln die Erfahrungsschauspieler durch Feierabendheime, Kulturhäuser und Seniorenfreizeitstätten, und auch vor der Kiezdisco wird nicht Halt gemacht.

Nachbarschaftsheim Schöneberg, Cranachstr. 7, 12157 Berlin (Schöneberg), Tel. 855 42 06.

Theatergruppe Ikarus

Jung und Alt gemeinsam unter einem Dach, das kann nicht gut gehen?! Denkste! Die Theatergruppe Ikarus beweist das Gegenteil. Zwischen 18 und 90 Jahre sind die Laiendarsteller, alle Generationen sind vertreten und führen erfolgreich ihre Eigenproduktionen auf. Spontaneität ist gefragt: Um ein spannendes Thema spinnen die Schauspieler einen Handlungsfaden. Einzig mit diesem als Orientierungshilfe geht's auf die Bühne, der Text wird improvisiert. Das Ergebnis: witziges, spritziges Amateurtheater – ganz aus dem Leben gegriffen. Und eine wunderbare Nebenwirkung hat das IdeenKARUSsell, das 1999 zehnjährigen Geburtstag feierte: Oldies und Youngsters kommen ins Gespräch.

Nachbarschaftsheim Urbanstr. e.V., Urbanstr. 21, 10961 Berlin (Kreuzberg), Tel. 690 49 70.

Wandern

Das Wandern ist nicht nur des Müllers Lust, sondern auch die Leidenschaft vieler Ruheständler. Die haben glücklicherweise für ihr Hobby mehr Zeit als der Müller. Da es allein bekanntlich weniger Spaß macht, stundenlang durch Wald und Feld zu spazieren, haben sich etliche Wanderfreunde zu Gruppen zusammengeschlossen. Eine Liste bekommen Sie beim Wandersportverband.

Wandersportverband Berlin e.V., Dr. W. Pagel, Berliner Str. 58, 16556 Borgsdorf, Tel. 03303-403 10.

KreAKTIVitäten

Probieren Sie doch mal etwas völlig Neues. In Kreuzberg lassen Senioren regelmäßig ihrer Fantasie freien Lauf und werden in Workshops aktiv, z.B. beim Anfertigen von Biographie-Collagen oder in einer Schreib- und Druckwerkstatt für Deutsche und Migranten. Oder ältere Damen zeigten ihre Talente in einem Puppenbau-Workshop. Je nach Aktion finden die »KreAKTIVitäten« drei Tage hintereinander statt oder man trifft sich über fünf Wochen einmal wöchentlich. Erkundigen Sie sich beim Bezirksamt Kreuzberg, wann und wo Sie »kreaktiv« werden können.

Bezirksamt Kreuzberg, Yorckstr. 11-13, 10969 Berlin (Kreuzberg), Tel. 25 88 83 49. 3-Tage-Kurs ab DM 20.

Deutscher Senioren-Computerclub e.V.

Auch wenn Jüngere es oft nicht glauben: Es gibt Senioren, die keine Angst vor neuer Technik haben, sondern viel Spaß damit. In diesem Club haben sich mittlerweile 150 betagte Computer-Freaks zusammengetan. Hier gibt es Nachhilfe in puncto Bits und Bytes in Form von Vorträgen, Lehrgängen und Infoveranstaltungen für Anfänger und Fortgeschrittene. Wenn sich die Mitglieder mittwochnachmittags zum Plauschen treffen, geht es übrigens nicht nur um die neuesten Computer-Erlebnisse.

Einbecker Str. 85, 10315 Berlin (Lichtenberg), Tel. 52 69 50 95 98. Kontakt: Herr Miller, Tel. 512 32 22. Aufnahmegebühr DM 10, Beitrag mindest. DM 5 pro Mon.

FONNI-GIRLS

Kinderballett im Friedrichstadtpalast, Staatsoper, schließlich Fernsehballett und jetzt – Leiterin der »Fonni-Girls«, der Balletttruppe, die zum »Club der Lebensfrohen« gehört. Mit ihrem weit über die Grenzen Berlins hinaus bekannten Ensembles erntet die waschechte Berliner Tänzerin Berbé Schmidt noch immer Riesenapplaus. Cha-Cha-Cha, Charleston, Cancan – Show- und Revuetänze sind im Repertoire, und wenn die ausnahmslos männlichen Teilnehmer des »Panik-Balletts« den »Schwanensee« zum besten geben, hält es keinen Zuschauer mehr auf seinem Platz. Ihre Chance ist gekommen: Das Ensemble ist immer auf der Suche nach »Auszubildenden«. Doch überlegen Sie sich diesen Schritt gut, denn das Showbusiness dieser »Semi-Profis« ist hart: dreimal die Woche wird trainiert, damit bei den zwei großen Veranstaltungen namens »Schmidtn's Variete« und den weiteren 40 bis 50 Auftritten pro Jahr auch nichts schief geht.
Keine Scheu, im Alter von 60 Jahren gehört man bei bei den tollkühnen »Tänzerinnen« noch zu den Jüngeren. Jeder kann mitmachen, Schönheit ist kein Kriterium, Kondition auch nicht: Wer schwach auf der Brust ist, ist nur bei den kürzeren Nummern dabei. Nur halbwegs bewegen können sollte sich ein Revuegirl in spe.

Club der Lebensfrohen, Ballett- und Stepptanzgruppe »Fonni-Girls«, Fontane-Haus, Wilhelmsruher Damm 142c, 13439 Berlin (Märkisches Viertel), Tel. 416 60 99. Vereinsbeitrag DM 3 pro Monat.

Seniorentanz

Sie würden gern mal wieder so richtig das Tanzbein schwingen, aber machen Knochen und Gelenke das noch mit? Beim Seniorentanz e.V. können Sie deutsche und andere Volkstänze lernen, die auf Ihre Gesundheit Rücksicht nehmen. Vom Bundesverband erarbeitet, sind sie auf die Bedürfnisse der älteren Generation zugeschnitten: ohne große Sprünge und wilde Drehungen zum Beispiel. Auf die sanfte Tour wird in Gemeindehäusern und Seniorenclubs getanzt. Ein Faltblatt informiert über alle Veranstaltungen. Selbstverständlich können Sie auch ohne Partner kommen, Sie finden sicher einen.

Seniorentanz Landesverband Berlin e.V., Vorsitzende: Ursula Blaschke, Wundtstr. 40-44, 14057 Berlin (Charlottenburg), Tel. 321 51 50. Kosten: 1,5 Stunden DM 1-10.

Seniorenorchester Tiergarten

Um es gleich vorweg zu sagen: Anfänger werden hier nicht gesucht. Wer beim Seniorenorchester in die Tasten greifen oder in die Trompete blasen möchte, muss schon gewisse Fertigkeiten auf seinem Instrument und selbstverständlich Notenkenntnisse mitbringen. Die reifen Musiker haben sich mit ihren Swing-Stücken à la Glen Miller bereits einen Namen gemacht; auch ältere Sachen, wie Operetten, sind im Repertoire, allerdings nur in modernem Stil. Ohne Fleiß kein Preis: Einmal die Woche wird im Seniorenheim Lehrter Str. 68 (Berlin-Tiergarten) geübt, damit man sich bei den zahlreichen Auftritten nicht blamiert. Bei diversen (Sommer-)Festen und sogar bei einem Empfang des Bezirksamts Tiergarten kamen die rüstigen Musiker schon zum Einsatz. Übrigens: Vor allem Pianisten und Blechbläser fehlen dem Ensemble noch. Streicher oder Querflöten haben dagegen keine Chance bei der swingenden Oldieband.

Kontakt: Henry Meyer (Orchester-Leiter), Saatwinkler Damm 125, 13629 Berlin (Spandau), Tel. 382 21 43 o. Irene Krieger, Tel. 36 71 02 07.

Radfahren

Der Allgemeine Deutsche Fahrradclub (ADFC) veranstaltet regelmäßig Radtouren, z.B. durch den Nationalpark Unteres Odertal. Je nach Kondition wählen die Radler ihre Tour (20 bis 200 Kilometer) aus. Die Senioren beim ADFC Potsdam organisieren ebenfalls verschiedene Touren. Gegen DM 3 Rückporto schickt Ihnen der ADFC das aktuelle Programm. Senioren und andere Erwachsene, die lange nicht mehr in die Pedale getreten sind, können in einem kostenlosen Radfahrkurs für Erwachsene in der Verkehrsschule Steglitz ihre Kenntnisse auffrischen.

- *ADFC, Landesverband Berlin e.V, Brunnenstr. 28, 10119 Berlin (Mitte), Tel. 448 47 24. Seniorentouren DM 2, Jahreskarte DM 20, für Mitgl. kostenlos.*
- *Verkehrsschule im Stadtpark Steglitz, Albrechtstr. 42, 12167 Berlin (Steglitz), Tel. 79 04-21 44.*

GREMLIN

Engagement

Keine Frage, Sie werden gebraucht! In Zeiten leerer Kassen sind gemeinnützige Institutionen, Vereine und Organisationen mehr denn je auf die tatkräftige Unterstützung ehrenamtlicher Mitarbeiter angewiesen. Fast ebenso groß wie die Anzahl dieser Institutionen ist die Vielfalt der Aufgaben, die auf freiwillige Helfer warten. Und helfen kann jeder, denn in der Regel müssen Sie für eine ehrenamtliche Arbeit keine Vorkenntnisse oder gar eine besondere Ausbildung mitbringen.

Dabei brauchen Sie nicht zu befürchten, dass Sie sich auf etwas einlassen, was Sie dann doch nicht wollen, oder dass Sie sich übernehmen. Bevor Sie eine verbindliche Zusage machen, können Sie natürlich ausprobieren, ob Sie der Aufgabe gewachsen sind. Und Sie sind derjenige, der bestimmt, wie viel und wann Sie im Einsatz sind. Alle Institutionen, die auf die Unterstützung freiwilliger Mitarbeiter angewiesen sind, haben Interesse an einer langfristigen Zusammenarbeit mit zufriedenen Ehrenamtlichen. Schulungen sorgen dafür, dass Sie die nötigen Kenntnisse erwerben, die Sie für ihren freiwilligen Dienst brauchen. Fordert dieser Sie seelisch stark, bekommen Sie regelmäßig psychologische Unterstützung. Denn das Engagement für eine gute Sache soll schließlich nicht nur anderen, sondern auch Ihnen etwas geben!

Wenn Sie noch auf der Suche nach der richtigen Aufgabe sind, finden Sie auf den nächsten Seiten zahlreiche Einrichtungen in Ihrer Region, die dankbar für jede weitere helfende Hand sind.

ALT HILFT JUNG

Haben Sie eigentlich schon mal daran gedacht, das Fachwissen, das Sie sich so im Laufe der Berufsjahre angeeignet haben, an die nächste Generation weiterzugeben? Beim Berliner Beratungsdienst unterstützen ehemalige Führungskräfte und Fachleute junge Menschen auf dem Weg in die Selbstständigkeit. Sie könnten z.B. Jungunternehmern zur Seite stehen, indem Sie helfen, ein detailliertes Unternehmenskonzept auszuarbeiten, oder sie bei der Wahl der günstigsten Rechtsform für die neue Firma beraten. Auch in Finanzierungsfragen geben die Pensionäre aus Wirtschaft, Industrie, Handel und Handwerk heiße Tipps.

Berliner Beratungsdienst (BBD), Bötzowstr. 35, 10407 Berlin (Prenzlauer Berg), Tel. 425 20 30, Tel. u. Fax 425 96 50.

EXPERTEN HELFEN IM AUSLAND

Sie sind im Ruhestand, wollen sich aber noch lange nicht zur Ruhe setzen? Kein Problem, denn auf der ganzen Welt werden Experten gesucht. Der SES vermittelt solche ehrenamtlichen Spezialisten. Vor allem Technik- und Wirtschaftsfachleute sind gefragt. Da wird etwa in Guatemala beim Wiederaufforsten der Regenwälder geholfen, in Weißrussland ein freiwilliger Sozialdienst aufgebaut oder in Simbabwe ein Marketingkonzept für Quetschventile erarbeitet – immer nach dem Motto »Anleitung zur Selbsthilfe«. An die 4.700 Experten schlummern in der bundesweiten Kartei des 1983 gegründeten ehrenamtlichen Dienstes der Deutschen Wirtschaft, vom Astro-Physiker bis zum Zoologen, vom Fleischer- bis zum Buchbindermeister. Ein Einsatz dauert in der Regel vier bis sechs Wochen, höchstens sechs Monate. Flug, Unterbringung und ein kleines Taschengeld zahlt der Auftraggeber. Senior-Experten sollten mindestens Englisch sprechen, gesund sein und bereit, sich an die Bedingungen am Einsatzort anzupassen.

Senior Experten Service (SES), An der Kolonnade 10, 10117 Berlin (Mitte), Tel. 229 90 37.

FRAUEN HELFEN FRAUEN

Sie waren in einer gehobenen Position tätig, haben jahrzehntelange Arbeitserfahrung und möchten gern jungen Frauen bei ihrer Karriere helfen? Dann melden Sie sich beim Expertinnen-Beratungsnetz. Dort können Sie als Expertin ratsuchenden Frauen Chancen aufzeigen, ihnen Tipps für die Berufsplanung geben und ihnen bei der Existenzgründung zur Seite stehen. Besonders gefragt sind Ideen, wie frau den beruflichen Wiedereinstieg am besten vorbereitet und wie sie Familie und Beruf unter einen Hut bekommt. Gesucht werden Expertinnen aus den unterschiedlichsten Berufsgruppen, z.B. Journalistinnen, Ingenieurinnen, Architektinnen...

Expertinnen-Beratungsnetz, Storkower Str. 97, 10407 Berlin (Prenzlauer Berg), Tel. 90 22-39 14.

Tätiger Lebensabend

Aufsicht im Museum, Aushilfe in Cafeterien von Altenheimen oder Krankenhäusern – wer die Arbeit unter Menschen vermisst, kann sich an diesen Verein wenden. Er vermittelt an Mitglieder kleine Arbeiten. Auch Bürojobs wie Telefondienst und Ablagearbeiten werden für ältere Menschen (in der Regel über 60) angeboten. Die Arbeitszeiten werden mit dem Auftraggeber vereinbart. Als Aufwandsentschädigung gibt es rund DM 6 pro Stunde, mehr als 15 Stunden pro Woche bzw. 60 Stunden im Monat darf niemand ackern.

Tempelhofer Damm 125, 12099 Berlin (Tempelhof), Tel. 752 27 53 u. 751 40 24. Mo-Fr 9-12.30 Uhr. Die Mitgliedschaft im Verein ist kostenlos.

BANA-Mobil

Sie bieten z.B. Kurse für arbeitslose Frauen oder in Krankenhäusern zum Thema »Sparsam und gesund kochen« an. Oder sie beraten Eigentümer und Mieter bei der Hofbegrünung. Oder sie geben im Mädchencafé ein Seminar über Ernährung, Körperbewusstsein und Entspannung. Die Mitarbeiter und Mitarbeiterinnen von BANA-Mobil sind – wie der Name schon sagt – Absolventen und Studenten des TU-Studiengangs BANA (s. S. 61). Doch auch andere Kontaktfreudige sind zur ehrenamtlichen Mitarbeit willkommen.

Kamminer Str. 4, 10589 Berlin (Charlottenburg), Tel. u. Fax 442 96 03. Treffen: Nachbarschaftsheim Kotti, Adalbertstr. 95/96, 10999 Berlin (Kreuzberg). Mo 16 Uhr.

GROSSELTERNDIENST

Sie hätten gern ein Enkelkind? Nichts leichter als das. Beim Großelterndienst können rüstige Rentnerinnen oder Ehepaare eines »adoptieren«. Das Projekt schlägt dabei gleich drei Fliegen mit einer Klappe: Senioren haben Freude mit den Kindern, gestresste Alleinerziehende können häufiger eine Atempause einlegen, und die Kids kommen in den Genuss einer Oma, obwohl die echte nicht mehr oder nicht in der Nähe lebt. Der Großelterndienst vermittelt berlinweit Wunsch-Omas und -Opas, die auf die Kinder von Alleinstehenden aufpassen – vor oder nach Kita- oder Schulbesuch –, gegen eine kleine Aufwandsentschädigung. Auch wenn die Kleinen krank werden, springen die »falschen« Großeltern ein. Durch Vorgespräche wird ermittelt, welche Oma zu welcher Ein-Eltern-Familie passen könnte. Nicht immer klappt eine Traumvermittlung, aber zuweilen entstehen dicke Freundschaften und die »Leih-Omi« wird zum Familienmitglied. Damit beide Seiten sich erst mal beschnuppern können, betreuen Sie »Ihr« Enkelkind zunächst ein- bis zweimal pro Woche für drei bis vier Stunden, danach sieht man weiter. Mit Problemen wird niemand allein gelassen: Einmal im Monat bietet das Projekt Weiterbildungen in Pädagogik und Psychologie an.

- *Ansbacher Str. 63, 10777 Berlin (Schöneberg), Tel. u. Fax 213 55 14. Mi u. Do 12-17 Uhr.*
- *Warschauer Str. 58, 10243 Berlin (Friedrichshain), Tel. u. Fax 290 03 22. Mo-Do 12-17 Uhr.*

UMWELT-EINSATZ

In mehr als 16 Arbeitskreisen des Bundes für Umwelt und Naturschutz Deutschland (BUND) engagieren sich (nicht nur) Senioren zu Themen von Abfallwirtschaft bis Verkehr. Da geht es etwa um Elektrosmog, ökologisches Gärtnern oder den Transrapid. Beim Projekt »Streuobstwiese« bringen Ehrenamtliche Berliner Stadtgören die Natur nahe. Bei den Bezirksgruppen Pankow, Spandau, Tempelhof und Zehlendorf finden Sie sicherlich eine sinnvolle Aufgabe. Auch für Aktionstage sucht der BUND freiwillige Helfer.

BUND, Crellestr. 35, 10827 Berlin (Schöneberg), Tel. 78 79 00-21, Fax 78 79 00-18, Kontakt: Thomas Kegel.

ZEITZEUGE

Haben Sie eine ganz besondere Geschichte zu erzählen? Dann rufen Sie doch bei der ZeitZeugenBörse an. Die »Börse« vermittelt ehrenamtliche Geschichts-Erzähler an Print- und TV-Journalisten oder an Schulen, wo sie ihre Geschichte einem größeren Publikum vortragen. Solch ein »Auftritt« wird mit vom Verein vorbereitet. Zudem steht eine Psychologin zur Verfügung, falls beim Erzählen schmerzliche Erinnerungen wachgerufen werden. Gesucht werden u.a. Menschen, die Erfahrungen aus der unmittelbaren Nachkriegszeit haben.

ZeitZeugenBörse e.V., Eberswalder Str. 1, 10437 Berlin (Prenzlauer Berg), Tel. 44 04 63 78. Mo, Mi, Fr 10-13 Uhr.

STADTFÜHRER MIT ERFAHRUNGSWISSEN

Wer selbst aktiv werden und Menschen durch »sein« Berlin führen möchte, kann sich bei den Stadtführern mit Erfahrungswissen melden. Deren Führungen bestimmen persönliche Geschichten, nicht korrekte Jahreszahlen oder architektonische Feinheiten. So werden auch eher unspektakuläre Plätze der Stadt als touristische Highlights besucht. Aber wenn ein älterer Herr auf der Tour durch »seinen« Kiez schildert, wie er dort im Bunker gezittert hat, sehen die Zuhörer das unscheinbare Haus plötzlich mit ganz anderen Augen. Keine Sorge, Ihre Stimme ruinieren Sie nicht, wenn Sie selbst durch die Stadt führen möchten: Damit man auch bei Straßenlärm nicht schreien muss, um Gehör zu finden, dürfen bei den eineinhalb bis zwei Stunden langen Touren höchstens zehn Leute mitspazieren. Interessierte Heimatkundige melden sich zur monatlichen Vereinssitzung an, bei der die pensionierten Lehrer, Architekten, Gartenbauingenieure etc. neue und alte Routen besprechen und sich der »Manöverkritik« aussetzen. Auf 20 Routen führen die Erfahrenen quer durch alle Bezirke. Da geht es im Wedding vom Luisenbad zur Mauer-Gedenkstätte oder in Friedrichshain von der Oberbaum-City zur »Zuckerbäckerallee«. Nicht zu vergessen: der »Lindenbummel«. Das aktuelle Programm erfahren neugierige Stadterkunder über die Tagespresse oder direkt beim Verein.

Eberswalder Str. 1, 10437 Berlin (Prenzlauer Berg), Tel. 442 96 00. Mo/Mi 11-15 Uhr.

Die »Grünen Damen«

Als der Besuchsdienst 1969 gegründet wurde, trugen die Ärzte weiße Kittel, das OP-Team blaue, also blieb noch Grün für die ehrenamtlichen Helfer des Besuchsdienstes. Noch heute tragen die Damen hellgrüne Kittel, wenn sie auf drei Stationen des Virchow-Krankenhauses von Zimmer zu Zimmer gehen und schauen, wer ihre Zuwendung braucht. Da Krankenschwestern heute für längere Patientengespräche kaum Zeit haben, springt der Besuchsdienst ein. Die grünen Helfer – auch Herren sind erwünscht – machen zwar schon mal kleine Besorgungen oder begleiten beim Spaziergang über das Krankenhausgelände, sind aber in erster Linie Gesprächspartner. Zuhören müssen sie können, Einfühlungsvermögen mitbringen und etwas Zeit, ansonsten bedarf es keiner Vorbildung. Wer sich in den Einsatzplan eingetragen hat – üblich ist ein Vormittag pro Woche –, muss (anhand einer Telefonliste) für Ersatz sorgen, falls er den Termin nicht einhalten kann. Einmal im Monat ist bei einem Treffen Gelegenheit, über Probleme zu sprechen. Da gibt es z.B. Antworten auf die Frage »Wie spreche ich mit jemandem, der gerade erfahren hat, dass er Krebs hat?« Die Einzelbetreuung von Patienten wird vermieden, denn eine persönliche Beziehung zu einem Schwerkranken wäre für die ehrenamtlichen Besucher zu belastend.

Ökumenischer Krankenhausbesuchsdienst, im Campus Virchow-Klinikum, Augustenburger Platz 1, 13353 Berlin (Wedding), Tel. 45 07 71 48. Fahrgeld wird erstattet.

Telefonseelsorge

Ein Anruf bei der Telefonseelsorge – oft der letzte Ausweg für Menschen, die niemanden haben, mit dem sie über ihre Probleme sprechen können. Sie können als Ehrenamtlicher am anderen Ende der Leitung trösten. Wer mitmacht, in der Regel Menschen zwischen 28 und 65 Jahren, muss zehn Nächte im Jahr am Telefon verbringen. Vorher werden die anonymen Lebensberater 18 Monate lang einmal pro Woche geschult. Dabei lernen sie, wie am Telefon geholfen werden kann und das »Hören mit dem dritten Ohr«: Erkennen, was der Anrufer »zwischen den Zeilen« sagt. Mitzubringen sind die Fähigkeit zuzuhören und soziale Kompetenz. Bewerbungsunterlagen können schriftlich und telefonisch angefordert werden.

Nansenstr. 27, 12047 Berlin (Neukölln), Büro-Tel. 613 50 23.

Erzählcafé

Wollen Sie andere an Ihrer ereignisreichen Vergangenheit teilhaben lassen? Dann sollten Sie dem Erzählcafé einen Besuch abstatten. Alle 14 Tage wird am Samstagnachmittag der Bürgersaal des Karl-Schröder-Hauses in ein Café verwandelt und die unterschiedlichsten Menschen erzählen ihre Geschichte – ob Schilderungen aus »großer« Politik oder dem Alltag. Eine Anmeldung ist allerdings erforderlich.

Malplaquetstr. 15, 13347 Berlin (Wedding), Tel. 312 71 31.

Treffpunkt Hilfsbereitschaft

Haben Sie noch keine Einrichtung gefunden, in der Sie Ihre überschüssige Energie loswerden können? Keine Sorge, niemand muss untätig auf dem Sofa herumsitzen. Treffpunkt Hilfsbereitschaft sagt (nicht nur) älteren Menschen, wo Not am Mann ist. Ob Freizeitgestaltung für Kinder, Besuchsdienst für Senioren, Reisebegleitung oder Organisation und Büroarbeit – der Verein vermittelt Ehrenamtliche an rund 150 Einrichtungen und Projekte aus Kultur, Sozialem, Sport und Gesellschaft. Neugierig geworden, ob das passende Engagement für Sie dabei ist? Rufen Sie an und vereinbaren einen Termin. Übrigens: Tätigkeiten, die von Hauptamtlichen übernommen werden könnten, werden nicht vermittelt.

Treffpunkt Hilfsbereitschaft der Berliner Freiwilligen-Agentur, Torstr. 231, 10115 Berlin (Mitte), Tel. 20 45 06 36.

Karitative Organisationen

Auch das Deutsche Rote Kreuz, der Caritas-Verband oder der paritätische Wohlfahrtsverband sind ständig auf der Suche nach ehrenamtlichen Helfern. Die werden bei Letzerem z.B. eingesetzt, um ältere Menschen über Wohnfragen zu informieren. Anderswo helfen die Ehrenamtlichen z.B. in Cafeterias oder bei Besuchsdiensten. Eine Liste der Organisationen finden Sie im Anhang auf S. 75.

Nachbarschaftshäuser

Auf dem Land an der Tagesordnung, im anonymen Großstadtleben oft verloren gegangen – ein intaktes Nachbarschaftsleben. Um aus Unbekannten Nachbarn und damit den Kiez zum netten Zuhause zu machen, gibt es in vielen Bezirken Nachbarschaftshäuser. Die veranstalten Kurse, Vorträge oder Baby-Trödelmärkte und betreiben schon mal ein Seniorencafé (z.B. in der »Kiezoase Schöneberg«). Leider laufen die Häuser oft nur mit viel ehrenamtlichem Engagement. Wer mitmacht, ist mit Sicherheit nie mehr einsam. Wo das nächste Nachbarschaftshaus in Ihrer Nähe ist, erfahren Sie bei Ihrem Bezirksamt oder dem Verband für sozio-kulturelle Arbeit.

Verband für sozio-kulturelle Arbeit, Landesgruppe Berlin e.V., Tucholskystr. 11, 10117 Berlin (Mitte), Tel. 861 01-91/-92.

Bezirksämter

Sei es als Aushilfe in der Cafeteria des Seniorenwohnhauses oder um Jubilaren im Bezirk Glückwünsche zu überbringen – auch Bezirksämter sind auf die Hilfe Ehrenamtlicher angewiesen. Fragen Sie nach, wo helfende Hände gebraucht werden. Wilmersdorf und Charlottenburg haben eigens »Stellenbörsen« für die freiwilligen Helfer eingerichtet. Auch die Seniorenbetreuungen wissen, wo Not am Mann bzw. an der Frau ist. Eine Telefonliste finden Sie auf S. 76. Für die Ehrenämter werden in der Regel kleine Aufwandsentschädigungen gezahlt.

»Nicht für die Schule, sondern fürs Leben lernen wir.« Im Laufe der Zeit haben Sie sicher erfahren, dass dieser Spruch wohl in dem einen oder anderen Fall zutrifft, auch wenn man dies zu Schultagen wohl eher bezweifelt hatte.

Wer sich im fortgeschrittenen Alter zu einem Studium, einem Volkshochschulkursus oder irgendeiner anderen Weiterbildung entschließt, bestätigt jene Weisheit umso mehr. Schließlich geht es diesen Bildungshungrigen nicht darum, einen Abschluss zu erwerben, sondern ihr Wissen und ihren Erfahrungsschatz zu erweitern. Dabei bestätigen Ausnahmen natürlich die Regel: An den Hochschulen und in anderen Bildungseinrichtungen gibt es immer wieder »ältere Semester«, die gezielt ein Diplom oder sogar eine Promotion anstreben und auch erfolgreich abschließen.

Ob Sie sich diese zum Vorbild nehmen wollen oder sich mit einem Kurs an der Volkshochschule »begnügen«, bleibt Ihrem Wissensdurst überlassen. Ebenso die Entscheidung, ob Sie zusammen mit Gleichaltrigen lernen möchten oder in Gruppen, die sich aus Teilnehmern unterschiedlichen Alters zusammensetzen. Entscheidend ist dabei auch, was Sie lernen möchten: Während in einem historischen Seminar die Sichtweise verschiedener Generationen durchaus befruchtend wirken kann, fühlen Sie sich in einem Internetkurs unter Gleichaltrigen wahrscheinlich wohler als unter computererfahrenen Teenies. Informieren Sie sich auf den folgenden Seiten, welches Weiterbildungsangebot das passende für Sie ist.

VOLKSHOCHSCHULEN

Das Angebot der Berliner Volkshochschulen ist kaum schlagbar – das gilt für die Riesenauswahl ebenso wie für die moderaten Preise: Vom »Einstieg in die PC-Welt« über Mal- und Zeichen-Kurse sowie Webkurse bis hin zu »Skat nicht nur für Senioren« und Literaturkreisen. Wer im Programm seines Bezirks nicht den geeigneten Kursus findet, kann sich bei der Informations- und Beratungsstelle schlau machen, ob ihn nicht etwa die Nachbar-VHS anbietet.

Berliner VHS, Informations- und Beratungsstelle für Weiterbildung der Senatsverwaltung, Beuthstr. 6-8, 10117 Berlin (Mitte), Tel. 90 26 52 24. Kurs DM 0-150.

UNTERRICHTS-VERMITTLUNG

Private Sprach- und Musiklehrer vermittelt »multi concept«. Aus einer Kartei wird der passende Lehrer – Studenten, Lehrer oder Muttersprachler – herausgesucht. Der Unterricht findet privat beim Lehrer oder Schüler (DM 5 Aufschlag) statt. Doch keiner kauft die Katze im Sack: Erst nach einer Probestunde entscheiden die Beteiligten, ob sie den Unterricht fortsetzen möchten.

multi concept – Unterrichtsvermittlung, Leuthener Str. 8, 10829 Berlin (Schöneberg), Tel. 78 77 66 55. Mo-Fr 11-17 Uhr. 1 Std. Sprachunterricht ca. DM 23 zuzügl. einmalig DM 45 Vermittlungsgebühr.

URANIA BERLIN E.V.

Was haben Rüdiger Nehberg, Ignatz Bubis, Hans Koschnick, Ellis Huber und Ingeborg Stahmer gemeinsam? Sie alle waren schon einmal in der »Urania« zu Gast. Auch weniger prominente Wissenschaftler, Politiker und andere Fachleute halten hier Vorträge: Da geht es um Gesundheit und Politik, Psychologie, Geschichte oder ferne Länder. Im Programm sind auch aktuelle Kino-Hits und Filmklassiker, und während der Berliner Filmfestspiele laufen hier die Wettbewerbswiederholungen. Bonus: Viele Veranstaltungen beginnen nachmittags.

An der Urania 17, 10787 Berlin (Schöneberg), Tel. 218 90 91, Fax 211 03 98. Vorträge: Rentner DM 8, Mitglieder DM 6, Filme: Rentner DM 9, Mitglieder DM 7.

SENIORENUNIVERSITÄT

»Wer rastet, der rostet.« Da diese Weisheit auch für unsere kleinen grauen Zellen gilt, schufen Wissenschaftler der Charité bereits 1987 die Senioren-Uni. Kostenlose Vorlesungen, Museumskurse, einen Architektur- sowie einen Literaturkurs, ein kunsthistorisches Seminar und sogar eine Wandergruppe, das alles beinhaltet ein Studienjahr (von September bis Mai) für die reiferen Semester. Zumeist werden die niveauvollen Veranstaltungen (85% der Hörer verfügen über einen Hochschulabschluss) vom Verein »pro seniores« organisiert.

Charité, Dekanat Presse- und Öffentlichkeitsarbeit, Schumannstr. 20/21, 10117 Berlin (Mitte), Tel. 28 02 59 17. Museumskurs DM 60 pro Studienjahr.

Berliner Akademie

Alljährlich im September beginnen Seniorenköpfe vor Anstrengung zu rauchen. Schuld daran ist die Sommer-Uni, die die Berliner Akademie in Zusammenarbeit mit den Hochschulen eine Woche lang veranstaltet. Da wird vorgetragen und zugehört, diskutiert und gestritten. Das Motto ist z.B. »Europa im Aufbruch« oder »Kunst und Kultur im Spannungsfeld zwischen Bewahren und Erneuern«. Die Akademie informiert zudem über die Weiterbildungsangebote sämtlicher Berliner Hochschulen und gibt Gasthörerprogramme heraus.

Berliner Akademie für weiterbildende Studien e.V., Manfred-von-Richthofen-Str. 2, 12101 Berlin (Tempelhof), Tel. 785 20 90, Fax 78 99 26 25. Di u. Fr 10-13 Uhr. Sommeruni DM 75, Tageskarten DM 12.

Freie Universität

Abitur braucht niemand für die viersemestrigen »weiterbildenden Studien« der FU, dafür aber Englischkenntnisse, um Fachliteratur zu verstehen. Reguläre Veranstaltungen, z.B. aus den Bereichen Europa, Ostasien oder Vorderer Orient, werden themenspezifisch – etwa nach den Gebieten Kultur, Politik, Geschichte, Wirtschaft – zusammengestellt und für die »Senior-Studis« geöffnet. Wer möchte, erwirbt am Ende ein Zertifikat.

Referat Weiterbildung der FU Berlin, Rüdesheimer Str. 1, 14197 Berlin (Wilmersdorf), Tel. 822 08 11. DM 180 pro Semester (erm. DM 90).

»BANA« an der Technischen Universität

Stadtökologie, Ernährung & Gesunderhaltung sowie Stadt & Kommunikation können Sie vier Semester studieren. Dabei ist BANA (Berliner Modell – Ausbildung für nachberufliche Arbeitsbereiche) praxisorientiert. Wer sein Zertifikat als Ökologie-Assistent/in, Ernährungsberater/in oder Kommunalberater/in geschafft hat, soll sein neues Wissen anwenden. Da gibt die Ernährungsberaterin z.B. Tipps über gesundes Essen, der Kommunalberater trägt zur besseren Nachbarschaft in einem Stadtteil bei. Deshalb bietet BANA zusätzlich Schulungen im Umgang mit Medien, Rhetorik und Präsentationstechniken an. Teilnehmer müssen mindestens 45 Jahre alt sein, einen Berufsabschluss und 10 Jahre Berufserfahrung mitbringen. Familien- und Erziehungsarbeit gilt auch!

Steinplatz 1, 10623 Berlin (Charlottenburg), Tel. 31 42 55 09. DM 120 pro Semester.

Humboldt-Universität

Wer nicht gleich ein ganzes Studium absolvieren möchte, kann einfach mal in spannende Seminare »schnuppern« – als Gasthörer. In der Broschüre, die die HU jedes Semester herausgibt, sind Vorlesungen verzeichnet, die sich für Gasthörer besonders empfehlen.

Referat Weiterbildung, Unter den Linden 6, 10099 Berlin (Mitte), Tel. 51 53 72 01. Gebühren ab DM 50 pro Semester.

COMPUTER-SCHULE & COMPUTERTREFF

Keine Angst vor Technik: In dieser Computer-Schule bestimmt jeder sein Lerntempo selbst, um die Welt der Medien und der Telekommunikation für sich zu erobern. PC-Grundlagen, das Versenden einer E-Mail (elektronische Post) oder die Einführung ins Internet, alles wird vermittelt. Wer sich schon ein wenig mit Bits und Bytes auskennt, sucht gezielt nach Informationen im Internet. Wahre Könner, die sich zudem Kenntnisse in grafischem Gestalten und Foto-Bearbeitung angeeignet haben, »basteln« sich ihre eigene Internet-Seite. Der Computertreff steht mit PCs, Bildtelefonen und Internetzugängen allen offen. Die Mitarbeiter unterstützen Sie beim Ausprobieren von Spielen und Programmen. Senioren können Konzentrations- und Gedächtnisspiele für sich nutzen sowie Sprachen lernen – alles per Computer. Kaufberatungen und eine kleine Cafeteria für die Pausen runden das Angebot ab. Computertreff und -Schule wurden ihm Rahmen der Initiative »Fit fürs Informationszeitalter« des Bundespräsidenten als Projekt »Senioren ans Netz« von der Deutschen Telekom ins Leben gerufen und werden vom Berliner Institut für Sozialforschung (BIS) geleitet. Teilnehmen kann jeder, der mindestens 60 Jahre alt ist oder über 55 und im Vorruhestand.

Ansbacher Str. 5, 3.OG, 10787 Berlin (Schöneberg), Tel. 21 47 55 54. Mo-Fr 9-18 Uhr. Z. Zt. noch kostenlos, wenn Zuschüsse gestrichen werden, werden geringe Gebühren erhoben.

MEDIENZENTRUM

Von den ersten Schritten mit dem unbekannten »Wesen« bis hin zu Internetkursen: Das Medienzentrum bietet nicht nur spezielle Computerkurse für Senioren, sondern auch einen praktischen Service an. Ein mobiles Computer-Team kommt inklusive Rechner vor Ort, beispielsweise in Seniorenwohnhäuser, und erteilt dort Unterricht. Preise werden vorher vereinbart. Das Surfen im Internet kostet DM 10 pro Stunde. Wer auf den Geschmack gekommen ist und sich selbst einen Rechner kaufen möchte, kann sich beraten lassen, welche Computer-Ausrüstung für seine Bedürfnisse die beste ist.

Christinenstr. 18/19, 10119 Berlin (Prenzlauer Berg), Tel. 44 38 34 64, Kontakt: Frau Scherer.

COMPUTERSCHULE IM KULTURVEREIN

Auch beim Kulturverein Prenzlauer Berg können ältere Menschen den Umgang mit dem jungen Medium lernen. Ein Vormittag pro Woche ist für Seniorenkurse reserviert. Ab vier Teilnehmern geht die Reise in die Welt der Technik los: Windows 95 und 98, MS-DOS, Textverarbeitung, der Weg ins Internet: Die Kurse sind kostenlos, lediglich für das Surfen im Netz müssen DM 5 pro Stunde gezahlt werden.

Kulturverein Prenzlauer Berg e.V., Driesener Str. 3, 10439 Berlin (Prenzlauer Berg), Tel. 444 28 01.

Wer rastet, der rostet

Seniorensport – wer sich darunter ein paar langweilige Gymnastikübungen vorstellt, wird positiv überrascht sein von dem Angebot, das sich Sportvereine und andere Verbände ausgedacht haben, um Menschen in der zweiten Lebenshälfte fit zu halten.

Dass Sport und Bewegung unerlässlich sind, um bis ins hohe Alter fit zu bleiben, ist allgemein bekannt. Und inzwischen wird auch der Tatsache Rechnung getragen, dass es – wie in jeder Altersgruppe – auch unter den Senioren unterschiedlich sportliche Menschen gibt. Grundsätzlich können ältere Menschen – sofern sie gesund sind – in (fast) allen Sportarten aktiv sein. Viele Vereine, Fitnessstudios und andere Anbieter offerieren daher auch spezielle Kurse und Veranstaltungen für Senioren. Deren Vorteil liegt nicht nur darin, dass ein Training unter Gleichaltrigen mehr Spaß macht, sondern auch, dass Bewegungsabläufe, Belastung, Tempo etc. auf die körperliche Konstitution älterer Menschen abgestimmt sind. Auf einer Palette, die vom fernöstlichen Entspannungstraining bis zum Tauchlehrgang reicht, findet jeder den Sport, der seinen Bedürfnissen und Vorlieben entspricht.

Auch wenn Sie bisher eher zu den »Bewegungsmuffeln« gehörten, sollten Sie sich auf den nächsten Seiten inspirieren lassen. Denn regelmäßige Bewegung trägt entscheidend zu Ihrem Wohlbefinden bei. Wenn Sie gesundheitliche Bedenken haben, lassen Sie sich vorher von Ihrem Hausarzt untersuchen und beraten, welcher Sportart Sie bedenkenlos nachgehen können.

Landesinstitut für Sportmedizin

Sie haben sich entschlossen, Sport zu treiben – herzlichen Glückwunsch! Doch bei allen guten Vorsätzen sollte man es nicht gleich übertreiben. Nicht jede Sportart eignet sich für jeden Menschen. Und gerade im Alter, wenn einen schon hier und da ein Zipperlein plagt, ist es ratsam, seinen Körper erst mal gründlich durchchecken zu lassen. Das Landesinstitut für Sportmedizin bietet solche Untersuchungen an sechs Stellen in Berlin an. Für DM 90 werden Körper und Urin untersucht und die Fitness auf einem Ergometrie-Fahrrad geprüft. Ungefähr 1,5 Stunden dauert das Procedere, danach werden die Ergebnisse besprochen und der »Patient« bekommt eine Empfehlung, welchen bzw. wie viel Sport er treiben sollte. Ist alles o.k., darf er sein Gesundheitszeugnis gleich mit nach Hause nehmen. Die telefonische Anmeldung ist notwendig und es kann sein, dass Sie zwei Monate auf einen Termin warten müssen.

- *Zentrum Süd-West, Clayallee 229, 14195 Berlin (Zehlendorf), Tel. 818 12-0.*
- *Zentrum Nord-Ost, Fritz-Lesch-Str. 29, 13053 Berlin (Hohenschönhausen), Tel. 97 17-23 01.*
- *Zentrum Nord-West, Teichstr. 65, 13407 Berlin (Reinickendorf), Tel. 41 92-50 93.*
- *Zentrum Süd-Ost, Rudower Chaussee 4, Haus 14, 12489 Berlin (Treptow), Tel. 67 01-24 98.*
- *Zentrum Süd, Rathausstr. 27, 12105 Berlin (Tempelhof), Tel. 75 60-72 14/-72 15.*
- *Zentrum West, Rohrdamm 61-64, 13629 Berlin (Siemensstadt), Tel. 382 31 13.*

Sport für alle

Das Mobile Team Seniorensport des Landessportbundes Berlin ist »der« Experte in puncto Sport in Berlin. Hier melden alle Vereine ihre aktuellen Angebote und das Mobile Team Seniorensport veröffentlicht sie einmal im Jahr – schön übersichtlich nach Bezirken geordnet – in einer Broschüre. Um die reifere Jugend mit Sport fit zu halten, organisieren die Mitarbeiter zudem Seniorensportfeste, Seniorensporttreffs und unterstützen beim Aufbau neuer Seniorensportgruppen.

Landesportbund Berlin, Referat Breiten- und Freizeitsport, Mobiles Team Seniorensport, Jesse-Owens-Allee 2, 14053 Berlin, Tel. 300 02-127, Kontakt: Herr Kugel.

Tennis

Wer Tennis spielt, kann seinen Sport bis ins hohe Alter treiben. Auch wenn die Beine nicht mehr so wollen – durch gute Technik oder einen guten Stand ist vieles wettzumachen. Oder Sie suchen sich einen jüngeren Doppelpartner: Der übernimmt die Laufarbeit, während Sie das gegnerische Duo vom Netz aus in die Verzweiflung treiben. Der VfV Spandau bietet Tennis-Unterricht für Senioren an, auch für Anfänger. Wer Ballgefühl mitbringt und sportlich ist, kann in jedem Alter einsteigen.

VfV Spandau 1922 e.V., Wichernstr. 55, 13587 Berlin (Spandau), Tel. 335 51 26. Unterricht (2 Std.): DM 200 f. Nichtmitgl., DM 100 f. Mitgl., Jahresbeitrag DM 275.

Kampfsport

Wie wär es denn mit einem Kursus in Karate bzw. Selbstverteidigung? Der JKK Nippon bietet solche Kurse extra für Senioren an, wobei die Übungen darauf abgestimmt sind, was »morschen« Gelenken noch zugemutet werden kann. Als »Belohnung« für das erfolgreiche Erlernen klassischer Karate-Übungen nach den Regeln des Deutschen Karate-Verbands winken weiße, gelbe, grüne und noch mehr farbige Gürtel. Dabei geht es sanfter zu als geahnt, denn neben Partner-Übungen sind die so genannten Kata-Übungen ein weiterer Schwerpunkt. Bei diesen werden Schläge, Stöße oder Tritte und auch die Verteidigung gegen unsichtbare Gegner gerichtet. Eingebaut ins Programm sind zudem spezielle Selbstverteidigungsübungen: Kombinationen aus Judo und Karate. Das Besondere an diesem Training: Es stärkt Ihr Selbstwertgefühl, und macht Ihnen bewusst, was Sie mit Ihrem Körper alles machen können. Nicht selten sehen Karateka (so nennt man die Karatekämpfer) das Leben optimistischer – ein Sport auch für die Seele. Übrigens, die Teilnehmer und Teilnehmerinnen der drei Gruppen setzen sich nach dem Training häufig noch zu einem Plausch zusammen oder unternehmen Ausflugsfahrten. Unter dem Motto »Sport ab 50« können Sie zudem im Fitnessstudio, bei Gymnastik oder Tai Chi aktiv sein oder in der Sauna relaxen.

Judo Karate Klub »Nippon« e.V., Mittelstr. 34, 12167 Berlin (Steglitz), Tel. 791 28 84, Kontakt: Herr Dr. Göldner. 3 Monate Schnupperkurs (für Senioren) DM 160.

Fitness im Park

Kaum zu glauben, im Volkspark Friedrichshain kann man Sport treiben! Nein, nicht nur auf eigene Faust um den Märchenbrunnen joggen... Vielmehr bieten im Gesundheitszentrum Sportlehrer, Sporttherapeuten und Physiotherapeuten Seniorensport an: Wassergymnastik und Wirbelsäulengymnastik für ältere Bürger, zudem ein abwechslungsreiches Bewegungsprogramm mit Gymnastik, Spielen und Fitnessfahrrad sowie Entspannungsübungen.

Zentrum für Freizeit- und Gesundheitssport, Am Friedrichshain, 10249 Berlin (Friedrichshain), Tel. 429 08 89, Mo 11-15 Uhr o. Sportamt, Tel. 23 24 46-34/ -37. Di 9-12 u. Do 14-18 Uhr. 10er-Block DM 45, erm. DM 22,50.

SPORT & MEHR

Von der sportmedizinischen Beratung bis hin zu Ausflügen: Beim Rundum-Programm für Senioren des Sport Clubs Siemensstadt e.V. im Sport- und Freizeitzentrum bleiben kaum Wünsche offen. Im Kompaktprogramm für ein Jahr (das hier nur 11 Monate hat...) können sich Sportsfreunde ihren Kurs aus 30 Angeboten aussuchen. Zweimal pro Woche kann man seine Knochen mit Gymnastik, Spielen, Schwimmen und Kegeln in Bewegung bringen. (Rad-) Wanderungen, Ausflüge oder Führungen, etwa durch den botanischen Garten, runden das Programm ab. Wer keinen Jahresvertrag abschließen möchte, geht unabhängig davon einfach schwimmen, montags von 6.30 bis 12.30 Uhr zahlen Senioren den ermäßigten Preis von DM 4. An diesem Tag können Sie sich spontan mit 15 Minuten Wassergymnastik fit machen. Erkundigen Sie sich nach den aktuellen Zeiten.

Sport- und Freizeitzentrum Siemensstadt, Rohrdamm 61-64 (Eingang über Buolstr.), 13629 Berlin (Spandau), Tel. 380 02 40. Jahresbeitrag DM 380 (2 Termine/Woche), Ehepaare DM 597, Testmonat DM 50.

KEGELN

Richtig gesund ist Kegeln eigentlich nicht. Warum diesen Sport trotzdem so viele Menschen lieben? Erstens braucht man nichts weiter als ein paar Schuhe – von der Kegelbahn einmal abgesehen – und außerdem geht nichts über einen netten Kegelabend. In lustiger Runde wird ein Gläschen getrunken, etwas geplauscht, und ab und zu werden alle neune abgeräumt. Die SG Bergmann-Borsig kommt regelmäßig zu solchen Runden im Pankower »Café Hawaii« zuammen. Und noch mehr bietet der Verein seinen Senioren: Volleyball, Bogenschießen, Tennis, Badminton, Tischtennis, Gymnastik und Walking.

Sportgemeinschaft Bergmann-Borsig, Kurze Str. 5-6, 13158 Berlin (Pankow), Tel. 91 77 22 58, Kontakt: Herr Klupsch. Beitrag DM 10-200 pro Jahr (je nach Sportwahl) zuzügl. einmalige Aufnahmegebühr.

ELAN HEALTH CLUB

Die Macher dieses Fitness-Studios wissen, dass man mit 50 längst nicht zum »alten Eisen« gehört, und bieten deshalb »Fifty Fit« an: ein Kursus für alle, die sich zwar zu alt für Techno, aber noch lange nicht zu alt für Aerobic fühlen. Einfache Schritte sollen hier ohne Stress und Hektik vermittelt werden. Auch neben diesem Special finden beim Elan Health Club jung gebliebene Ältere zahlreiche Möglichkeiten, den Kreislauf in Schwung zu bringen und die Muskeln zu stählen. Ob Einsteigerkursus in die Aerobicwelt, Rückengymnastik oder leichte Tanzschritte zu lateinamerikanischer Musik, ob Fahrradgruppe, Lauftreff oder Bodywalking – bei der riesigen Auswahl dürfte jeder etwas Passendes finden.

Drakestr. 51, 12205 Berlin (Steglitz), Tel. 843 98 80. Happy Hour Mitgliedschaft (bis 16 Uhr): 12 Monate DM 99 p. Mon.

AMERICA LADY FITNESS

»Fit über 60« heißt das Training, das ganz auf die Bedürfnisse der Damen im dritten Lebensabschnitt zugeschnitten ist. Hier finden Sie Gleichgesinnte! Auch im Wasser können (nicht nur) ältere Damen ihre müden Knochen in Schwung bringen: bei Aqua-Fitness. Neben der Gesundheit widmet sich das Studio mit Anti-Cellulite-Gymnastik auch der Schönheit.

Senftenberger Ring 5a, 13439 Berlin (Reinickendorf), Tel. 416 99 55. »Fit über 60«: DM 50 pro Monat.

DÖRBANDT FITNESS

Aerobic ist nur was für 20-Jährige? Weit gefehlt: Im Dörbandt-Studio am Kudamm kommen 50- bis 60-jährige Damen bei den Fitness-Schritten zur Musik ins Schwitzen. Der Hit unter den älteren Studio-Besuchern ist die Rückenschule. Vor dem Training beraten Sie Mediziner und Physiotherapeuten, wie Sie Ihren Körper gesund in Form halten. Achtung: Nur am Kudamm trimmen sich auch Männer, in den anderen Studios bleiben Frauen unter sich.

- *Kurfürstendamm 182-183, 10707 Berlin (Charlottenburg), Tel. 882 63 01.*
- *Mehrower Allee 34, 12687 Berlin (Marzahn), Tel. 931 15 02.*
- *Prenzlauer Promenade 176, 13189 Berlin (Pankow), Tel. 471 46-40/-50.*
- *Storkower Str. 140, 10407 Berlin (Prenzlauer Berg), Tel. 421 27-32/-33.*
- *Evergreencard ab DM 81 pro Monat.*

BADESPASS

Packen Sie Badehose oder Badeanzug ein und gehen sie mal wieder schwimmen. Das regt den Kreislauf an und macht obendrein noch Spaß. Wo ein Schwimmbad in Ihrer Nähe ist, erfahren Sie bei den Berliner Bäder-Betrieben, die für die meisten Freibäder und Schwimmhallen in der Hauptstadt zuständig sind. Die Bäder-Betriebe bieten auch Wassergymnastik für Senioren an. Detaillierte Broschüren informieren über Öffnungszeiten, Gymnastik- und Schwimmkurse für Erwachsene.

Berliner Bäder-Betriebe, Service-Hotline: 01803-10 20 20 (zum Orts-Tarif), tägl. 8-20 Uhr. Eintritt DM 4 (1 Std.), DM 5 (3 Std.).

SCHWIMMEN & SAUNA

Zugegeben, es ist nicht jedermanns Sache, wenn beim Schwimmen übermütige Kinder herumplanschen und »junge Wilde« direkt neben einem ins Becken hüpfen. Im Sport- und Erholungszentrum können Senioren montags bis freitags von 8 bis 10 Uhr ganz ungestört ihre Bahnen ziehen – dann ist nämlich Seniorenschwimmen. Oder Sie entspannen mal so richtig in der Seniorensauna – die Zeiten erfahren Sie bei der Besucher-Information.

Sport- und Erholungszentrum, Landsberger Allee 77, 10249 Berlin (Friedrichshain), Besucher-Information, Tel. 421 82-320/-321. Seniorenschwimmen DM 5, Seniorensauna DM 10.

AQUA-FITNESS

Der neueste Trend bei Sportlern mit maroden Gelenken – übrigens auch bei Hochleistungssportlern nach einer Verletzung– ist Aqua-Fitness oder Wassergymnastik. Der große Vorteil daran: Weil das Wasser den Körper trägt, werden Gelenke und Sehnen kaum belastet, aber trotzdem gekräftigt. Zudem bringt das »Strampeln« im Wasser Herz und Kreislauf in Schwung. Den Sport im Schongang offerieren auch die Sportfreunde Kladow. Wohlfühl- und Wirbelsäulengymnastik, Walking in der Natur, Tischtennis und »Yoganastik« bietet der Verein zudem für Senioren.

Sportfreunde Kladow e.V., Gößweinsteiner Gang 53, 14089 Berlin (Spandau), Tel. 365 77 80, vorher anmelden. Wassergymnastik DM 100 (10 Termine).

GESUNDHEITSSPORT

Für jedes »Leiden« das passende Bewegungsprogramm: Rückenschule, Osteoporose-, Herz- und Beckenbodengymnastik – Gesundheitssport wird beim SV Empor groß geschrieben. Zudem treffen sich die Wanderfreunde des Vereins 14-tägig sowohl bei Sonnenschein als auch bei Eis und Schnee zum Marschieren: Sechs bis acht Kilometer lang ist eine leichte Hobby-Wanderung, 20 Kilometer legen die Sportwanderer in zügigem Tempo zurück.

SV Empor Köpenick e.V., Kietz 18, 12557 Berlin (Köpenick), Tel. 651 64 60. DM 3,50-8 pro Termin, f. Mitgl. halber Preis.

Radsport

Wer nicht allein radeln möchte, trifft im Lichterfelder Radsport-Verein Gleichgesinnte und Gleichaltrige. Aber: Hier wird richtig sportlich geradelt... Trotzdem: Bei den »Radrennen«, über die der Verein regelmäßig informiert, geht es nicht um Schnelligkeit, sondern darum, ins Ziel zu kommen. Jeder bestimmt sein Tempo selbst, denn Leistungssport wird hier nicht betrieben. Zwischendurch werden schon mal Pausen eingelegt und es ist auch kein Beinbruch, wenn jemand aussteigt, weil er einfach nicht mehr kann.

Radsport-Verein Lichterfelde, Morgensternstr. 20, 12207 Berlin (Steglitz), Tel. 772 78 92. Vereinsbeitrag inkl. Versicherung DM 60 pro Jahr.

Laufen & Skaten

Als Veranstalter des Berlin-Marathons hat sich der Sport-Club Charlottenburg einen Namen gemacht. Es müssen ja nicht gleich 42,195 Kilometer sein, aber regelmäßiges Laufen stärkt Herz und Kreislauf und normalisiert den Blutdruck – der ideale Seniorensport. Auch mit 60 kann man ohne weiteres mit dem Joggen beginnen. Dabei ist vor allem zu beachten, dass langsam mit kurzen Läufen und Pausen begonnen wird, die peu à peu gesteigert werden. Die richtige Anleitung bekommen Sie beim SCC, der ein riesiges Angebot an Lauftrainnings anbietet. Schon nach ein paar Wochen werden Sie staunen, wie fit Sie sind. In der Horde macht die Joggerei gleich doppelt so viel Spaß, deshalb bietet (nicht nur) der SCC zahlreiche Lauftreffs, z.T. auch nur für Frauen an. Übrigens: Der älteste Läufer beim Berlin-Marathon '98 zählte stolze 83 Lenze...
Für Experimentierfreudige bietet der renommierte Klub zudem Kurse im Inline-Skating an – für alle Altersklassen. Voraussetzung ist allerdings, dass der Skater in spe gesund und im Besitz einer entsprechenden Schutzausrüstung ist. Auch im Senioren-Programm: Walking, Fitness- und Wirbelsäulengymnastik. Um teilnehmen zu können, muss man nicht unbedingt Klubmitglied sein, man zahlt dann aber entsprechend mehr Kursgebühren (z.B. Walking DM 60 statt DM 40).

Sport-Club Charlottenburg e.V., Waldschulallee 34, 14055 Berlin (Charlottenburg), Leichtathletik: Tel. 301 60 68, Di u. Do. 16-19 Uhr. SCC-Running Tel. 302 53 70.

Segeln

»Am Sonntag will mein Süßer mit mir Segeln geh'n...« Wollen Sie auch mal? Der Seesportclub Grünau macht's möglich. Von Ende April bis September können Senioren (auch Anfänger) sich im Kuttersegeln üben. Dabei kann man – je nach Segelerfahrung – von denjenigen, die schon länger dabei sind, mit viel Spaß Neues lernen. 10 Mann passen auf einen Zweimaster, und dann heißt es Leinen los und über Dahme oder Seddinsee gebraust, fast an der legendären Regattastrecke entlang. Zwei, drei oder vier Stunden dauert so ein Segel-Törn, je nachdem, ob die Seeleute – nach Lust und Laune – noch irgendwo zum Kaffeetrinken anlegen. Auch sonst hat der Verein einiges für die ältere Generation zu bieten: allgemeinen Seniorensport, Rückenschule und spezielle Rheumagymnastik.

Seesportclub Berlin-Grünau e.V., Wassersportallee 2, 12527 Berlin (Köpenick), Tel. 674 34 58, Kontakt: Frau Schupke. Kuttersegeln pro Tag DM 5. Monatlicher Beitrag DM 20.

Badminton

Keiner will mit Ihnen Badminton spielen? Die Hallenmiete ist zu teuer? Und überhaupt, Sie wissen gar nicht mehr, wie das genau geht?! Einmal pro Woche trifft sich die SG Pasch zum Spiel mit dem Federball. Der Trainer hat ein Auge auf seine Schützlinge, stellt ähnlich starke Spieler zusammen und gibt Tipps zur Technik. Sogar lokale Wettkämpfe werden organisiert, z.B. die Marzahner Meisterschaft. Auch für Senioren: Gymnastik und Volleyball.

Sportgemeinschaft »Pasch«, Turnhalle Murtzaner Ring, 12685 Berlin (Marzahn). Kontakt: Jürgen Decker, Tel. 545 10 00. Badminton kostenlos, kleiner Unkostenbeitrag (DM 10 pro Monat) erwünscht.

Walking

Eigentlich ist es sehr schnelles Spazierengehen. Der englische Fachausdruck hört sich aber viel sportlicher an: Walking. Das Tolle ist, in diesen Sport können auch Menschen wunderbar einsteigen, die vorher nie Sport getrieben haben. Sie brauchen lediglich ein Paar Sportschuhe. Das rasche Gehen (nur effektiv mit den korrekten Armbewegungen) ist für Ältere wie gemacht, denn Herz und Kreislauf werden gefordert, die Gelenke hingegen geschont. Beim LC Stolpertruppe – bei dem der Name übrigens keineswegs Programm ist – wird je nach Kondition und Fitness in mehreren Tempo-Gruppen »gewalkt«. Auf dem Sportplatz sorgt zunächst ein 15-Minuten-Aufwärmtraining dafür, dass sich keiner verletzt, und dann geht's los durch Gartensiedlung, Park und Wäldchen. Wer fit ist, schafft schon seine 15 Kilometer.

LC Stolpertruppe Berlin, Sportplatz Lipschitzallee, Lipschitzallee 29, 12351 Berlin (Neukölln). Kontakt: Herr Liebich, Tel. 601 86 71. Teilnahme kostenlos, langfristig ist Mitgliedschaft erwünscht (Beitrittsgebühr DM 30, Jahresbeitrag DM 75).

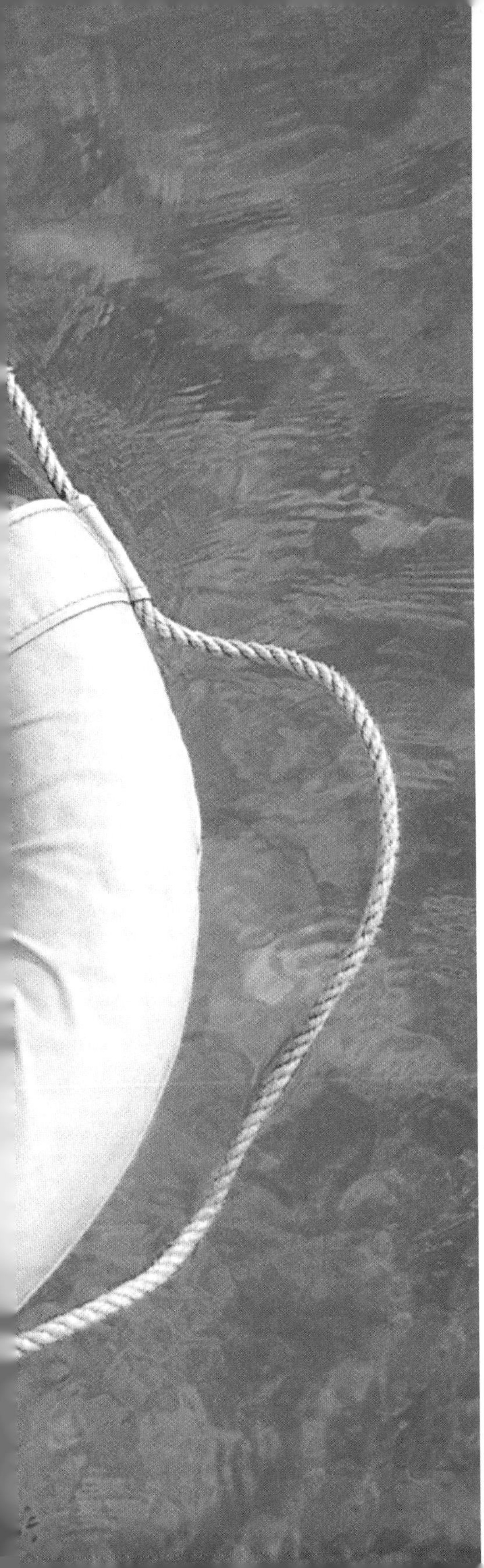

Noch Fragen?
Die folgenden Organisationen, Vereine und Beratungsstellen helfen Ihnen bei Fragen und Problemen mit Rat und Tat oder mit der Nennung des richtigen Ansprechpartners weiter.

Wohlfahrtsverbände

Diese Organisationen bieten einerseits Beratungen und Dienstleistungen wie z.B. Pflegedienste, Wohnhäuser oder Freizeitstätten an, suchen aber auch Menschen für ehrenamtliche Tätigkeiten:

- *Arbeiter-Samariter-Bund, Landesverband Berlin e.V., Landesgeschäftsstelle, Bülowstr. 6, 10783 Berlin (Schöneberg), Tel. 213 07-0, Fax 213 07-11 9.*
- *Arbeiterwohlfahrt, Landesverband Berlin e.V., Hallesches Ufer 32, 10963 Berlin (Kreuzberg), Tel. 253 89-0, Fax -286.*
- *Caritasverband für das Erzbistum Berlin e.V., Tübinger Str. 5, 10715 Berlin (Wilmersdorf), Tel. 857 84-0, Fax 857 84-119.*
- *Caritasverband für Berlin e.V., Residenzstr. 90, 13409 Berlin (Wedding), Tel. 490 00 95-0.*
- *Seniorenbüro im Deutschen Paritätischen Wohlfahrtsverband, Landesverband Berlin e.V., Brandenburgische Str. 80, 10783 Berlin (Wilmersdorf), Tel. 860 01-170 u. -175.* Bietet u.a. Beratungen zum Thema Wohnen an.
- *Deutsches Rotes Kreuz, Landesverband Berlin e.V., Bundesallee 73, 12161 Berlin (Wilmersdorf), Tel. 850 05-0, Fax 850 05-425.*
- *Diakonisches Werk e.V. Berlin-Brandenburg – Innere Mission und Hilfswerk, Paulsenstr. 55, 12163 Berlin (Steglitz), Tel. 820 97-0.*

- *Johanniter-Unfall-Hilfe e.V., Landesverband Berlin-Brandenburg, Berner Str. 2-3, 12205 Berlin (Steglitz), Tel. 81 69 01-0, Fax 81 69 01-73.*
- *Johanniterorden, Finckensteinallee 125, 12205 Berlin (Steglitz), Tel. 84 79 10-0.*
- *Unionhilfswerk Sozialeinrichtungen GmbH, Richard-Sorge-Str. 21a, 10249 Berlin (Friedrichshain), Tel. 422 65-6, Fax 422 65-700.*
- *Volkssolidarität, Landesverband Berlin e.V., Am Köllnischen Park 6-7, 10179 Berlin (Mitte), Tel. 30 86 92-0.*
- *Jüdische Gemeinde zu Berlin, Fasanenstr. 79/80, 10623 Berlin (Charlottenburg), Tel. 880 28-0.* Für Menschen mit jüdischem Hintergrund.

Rat & Hilfe

- *Schreibservice und Texterfassung von Jutta Bartky-Serif, Grünberger Str. 22, 10243 Berlin (Friedrichshain), Tel. 29 66 01 33 u. 0177-589 80 84.*
  Wer Probleme hat, Briefe an Ämter etc. zu verfassen, bekommt hier Hilfe. Die Kosten richten sich nach dem Aufwand und danach, wie schnell das Schreiben fertig sein soll.
- *Jahresringe (Verband für Vorruhestand und aktives Alter e.V.), Boxhagener Str. 18, 10245 Berlin (Friedrichshain), Tel. 293 41 80.*
  Der Verein übernimmt soziale Betreuung für ältere Menschen, die nicht mehr ganz mobil oder behindert sind. Die (z.T. ehrenamtlichen) Mitarbeiter helfen auch bei der Gardinenwäsche oder wenn Sie Ihr Zimmer umräumen möchten.
- *Senatsverwaltung für Gesundheit und Soziales, Oranienstr. 106, 10969 Berlin (Kreuzberg), Tel. 902 08-0.*
- *Privatinstitut für Sozialmanagement und Bildung (isub), Prühßstr. 26, 12105 Berlin (Mariendorf), Tel. 70 60 40 27.*
  isub berät Senioren kostenlos über Angebote, Leistungen und Preise des betreuten Wohnens von Privatanbietern.

Gesundheit

Sind Sie auf der Suche nach Menschen mit ähnlichen gesundheitlichen Problemen? Hier bekommen Sie Adressen von Selbsthilfegruppen zu allen möglichen Themen:

- *SEKIS – Selbsthilfe Kontakt- und Informationsstelle, Albrecht-Achilles-Str. 65, 10709 Berlin (Wilmersdorf), Tel. 892 66 02.*

Aktivitäten

- *Seniorenbetreuungen der Bezirke*
  Fast alle Abteilungen Soziales & Gesundheit der Berliner Bezirksverwaltungen geben jährlich spezielle Broschüren für Senioren heraus. Dort finden Sie neben praktischen Tipps viele Freizeitaktivitäten und die Adressen der bezirklichen Seniorentreffs. Die Seniorenbetreuungen sind die Experten in puncto ältere Menschen.
- *Charlottenburg, Tel. 34 30-82 25.*
- *Friedrichshain, Tel. 23 24-34 18.*
- *Hellersdorf, Tel. 56 07-167.*
- *Hohenschönhausen, Tel. 98 20-71 70.*
- *Köpenick, Tel. 65 04-261.*
- *Kreuzberg, Tel. 25 88-83 67.*
- *Lichtenberg, Tel. 51 39-756.*
- *Marzahn, Tel. 54 07-0.*
- *Mitte, Tel. 24 70-35 69.*
- *Neukölln, Tel. 68 09-12 21.*
- *Pankow, Tel. 48 52 49-333.*
- *Prenzlauer Berg, Tel. 42 40-28 15.*

- *Reinickendorf, Tel. 41 92-40 50.*
- *Schöneberg, Tel. 78 76-26 26.*
- *Spandau, Tel. 33 03-0.*
- *Steglitz, Tel. 79 04-34 21.*
- *Tempelhof, Tel. 75 60-87 62.*
- *Tiergarten, Tel. 39 05-32 03.*
- *Treptow, Tel. 53 31-58 27.*
- *Wedding, Tel. 45 75-0.*
- *Weißensee, Tel. 96 79-0.*
- *Wilmersdorf, Tel. 86 41-39 39.*
- *Zehlendorf, Tel. 80 91-25 35.*

- *Bund Deutscher Senioren e.V., Genthiner Str. 24, 10785 Berlin (Tiergarten), Tel. 261 30 16. Di u. Do 10-13 Uhr.*
  Der gemeinnützige Verein in der Altenfürsorge organisiert für seine Mitglieder Gesprächs- und Selbsthilfegruppen, Tagesfahrten, Wassergymnastik und Besucherdienste; Vereinsbeitrag DM 8 pro Monat.

Interessenvertretung

- *Seniorenschutzbund Graue Panther Berlin e.V., Nonnendammallee 80, 13629 Berlin (Spandau), Tel. u. Fax 381 40 39.*
  Setzt sich politisch für die ältere Generation in der Gesellschaft ein.
- *Arbeitsgruppe 60+ der SPD, Landesverband Berlin, Müllerstr. 163, Kurt-Schumacher-Haus, 13353 Berlin (Wedding), Tel. 46 92-0.*
- *CDU-Landesverband, Steifensandstr. 8, 14057 Berlin (Charlottenburg), Tel. 326 90-40.*
- *Arbeitskreis Berliner Senioren (ABS), Besucherbüro: Müllenhofstr.18, 10967 Berlin (Kreuzberg), Tel. 69 50 31 u. -35. Mo-Do 11-14 Uhr. Geschäftsstelle im Rathaus Reinickendorf, Am Rathauspark 1, 13437 Berlin (Reinickendorf), Tel. 41 92 21 34. Di 14-16 Uhr.*
  Zusammenschluss Berliner Seniorenverbände, Seniorenvereine, Seniorenorganisationen, von Selbsthilfegruppen im Seniorenbereich und von kommunalen Seniorenvertretungen in Berlin. Die überparteiliche und unabhängige Selbsthilfeorganisation vertritt die Interessen der älteren Menschen in Zusammenarbeit mit allen Institutionen, die sich mit Altenarbeit und deren Problemen befassen.
- *Seniorenvertretung Neukölln, Wutzkyallee 65, 12353 Berlin, Tel. 662 22 32.*

Publikationen zum Thema Alter

- *Seniorenzeitung Lenz, Abo-Verwaltung Magazin Lenz, Werner-Voß-Damm 54, 12101 Berlin, Redaktion: Elvira Kühn, Kaiser-Friedrich-Str. 33, 10627 Berlin (Charlottenburg), Tel. u. Fax 327 46 16, E-Mail: LenzBerlin@AOL.com.*
  Erscheint alle drei Monate. Neben Berichten über aktuelle Themen, z.B. Sicherheit auf Berlins Straßen, gibt es jede Menge Freizeit- und Kulturtipps. Für DM 8 für vier Ausgaben kann man das Blatt abonnieren.
- *Kuratorium Deutsche Altershilfe, An der Pauluskirche 3, 50677 Köln, Tel. 0221-93 18 47-0.*
  Reichhaltiges Angebot an Büchern und Infobroschüren. Die aktuelle Liste kann kostenlos angefordert werden. Besonders empfehlenswert ist das Buch »Rund ums Alter. Alles Wissenswerte von A-Z«, Hrsg.: Kuratorium Deutsche Altershilfe, München 1996. DM 29,80.
- *Senatsverwaltung für Gesundheit und Soziales, Oranienstr. 106, 10969 Berlin (Kreuzberg), Tel. 902 08-0.*
  Diverse Info-Broschüren.

Index

KOCHEN & GENIESSEN MIT BÜCHERN VON COMPANIONS

Sie kochen und verwöhnen gern gute Freunde oder Verwandte mit einem leckeren Essen? Im Buch **»Wo Köche einkaufen«** verraten Profi-Köche aus Ihrer Region, wo sie die Zutaten für ihre kulinarischen Kreationen erstehen. Die Geschäfte sind übersichtlich gegliedert in 23 Rubriken – von Arabisch bis Wild.
Und wenn Sie »auswärts« schlemmen möchten, lohnt ein Blick in das Buch **»Wo Köche essen gehen«**: 200 Köche aus Ihrer Region verraten auf 80 Seiten ihre Lieblingsrestaurants.
COMPANIONS Verlag
je 80 Seiten, DM 17,80

Berlin
Dresden/Leipzig
Düsseldorf
Hamburg
Hannover
Kiel/Lübeck
Köln/Bonn
München
Nürnberg
Rhein-Main-Gebiet
Rhein-Neckar-Dreieck
Ruhrgebiet
Stuttgart

Die Neuauflage – aktualisiert & erweitert!

Berlin
Düsseldorf
Hamburg
Köln/Bonn
München
Rhein-Main-Gebiet
Ruhrgebiet
Stuttgart

Marktfrauen in den Topf geschaut!

Marktleute sind Experten, wenn es um frisches Obst und Gemüse geht. Welche Gerichte sie selbst am liebsten aus marktfrischen Zutaten kochen, verraten sie in **»Rezepte frisch vom Markt«.** Unsere Autoren waren in 15 Regionen Deutschlands unterwegs, um regionaltypische und ausgefallene Rezepte direkt am Marktstand »einzusammeln«. Bei ihren Streifzügen entlockten sie Marktfrauen und Händlern nicht nur die ausführlichen Rezepte ihrer Lieblingsgerichte, sondern auch nützliche Tipps und Kniffe zu Qualität, Aufbewahrung und Zubereitung frischer Lebensmittel vom Markt.

COMPANIONS Verlag
96 Seiten, DM 24,80

COMPANIONS

Impressum

COMPANIONS Glänzer Linkwitz Wiskemann GmbH
Van-der-Smissen-Str. 2, 22767 Hamburg
Tel. 040-306 35-100, Fax 040-306 35-150
E-Mail: info@companions.de

Autorin: Petra Klose
Lektorat und Schlussredaktion: Ulrike Frühwald, Claudia Thomsen (Ltg.)
Schlusskorrektur: Arnd M. Schuppius
Titelgestaltung und Layoutkonzeption: Cornelia Prott
Titelfoto: The Stock Market (Ronnie Kaufman)
Produktion: Carin Behrens
Gesamtherstellung: Milano Stampa New Interlitho SpA

Bildnachweise:
PhotoDisc: S. 2, 4, 7, 16, 20, 24, 27, 35, 38,
41, 42, 44, 47, 48, 50, 58, 62, 64, 67, 70, 72
Digital Stock: S. 8, 10, 28, 53, 54, 69
MEV Verlag: S. 12, 15, 74
Project Photos: S. 22
Illustrationen: Image Club Graphics

ISBN 3-89740-162-2

Wir danken: Hartmut Heincke, Sally Johnson, Claudia Langer und allen anderen, die zum Gelingen dieses Buches beigetragen haben.

© 1999 COMPANIONS Glänzer Linkwitz Wiskemann GmbH, Hamburg. Alle Rechte vorbehalten, auch die der auszugsweisen sowie fotomechanischen und elektronischen Vervielfältigung sowie der kommerziellen Adressen-Auswertung und Übersetzung für andere Medien. Anschrift für alle Verantwortlichen über den Verlag. Alle Fakten und Daten in diesem Buch sind sehr sorgfältig vor Drucklegung recherchiert worden. Sollten trotz größtmöglicher Sorgfalt Angaben falsch sein, bedauern wir das und bitten um Mitteilung. Herausgeber und Verlag können aber keine Haftung übernehmen.

Gedruckt auf 100 % chlorfrei gebleichtem Papier.